Das Kino war eine Vergnügungsstätte für
Frauen und Kinder; wir liebten es,
meine Mutter und ich, aber wir dachten kaum
darüber nach und sprachen niemals davon:
Spricht man über Brot, wenn es daran
nicht fehlt? Als wir uns über seine Existenz
klargeworden waren, bildete es bereits
seit geraumer Zeit unser wichtigstes Bedürfnis.

Jean-Paul Sartre, *Die Wörter*

Der große Eisenbahn-
raub (The Great
Train Robbery), von
Edwin S. Porter im
Jahr 1903 gedreht, ist
der erste Western der
Filmgeschichte.

Pioniere des Kinos

ABENTEUER GESCHICHTE

Aber ich wette, daß meine Zeitgenossen nicht imstande sind, mir den Zeitpunkt ihrer ersten Begegnung mit dem Kino zu nennen. Blindlings tappten wir in ein Jahrhundert ohne Tradition, das sich von den früheren durch seine schlechten Manieren unterscheiden sollte und dessen neue Kunst, die Pöbelkunst, unsere Barbarei vorwegnahm. Sie wurde in einer Räuberhöhle geboren und von den Behörden unter die Volksbelustigungen eingereiht, sie hatte ein volkstümliches Benehmen, das die gesitteten Leute entsetzte.

Die Banditen überfallen das Telegraphenbüro am Bahnhof,

springen auf den Zug, den sie an der Wasserturmstation gestoppt haben, töten den Postbeamten und sprengen den Geldschrank des Postwagens,

überwältigen den Lokführer und bringen den Zug zum Stehen

Die Banditen plündern die Reisenden aus und erschießen

einen Flüchtenden, bevor sie sich mit der Beute davonmachen.

um ihre Pferde zu erreichen.

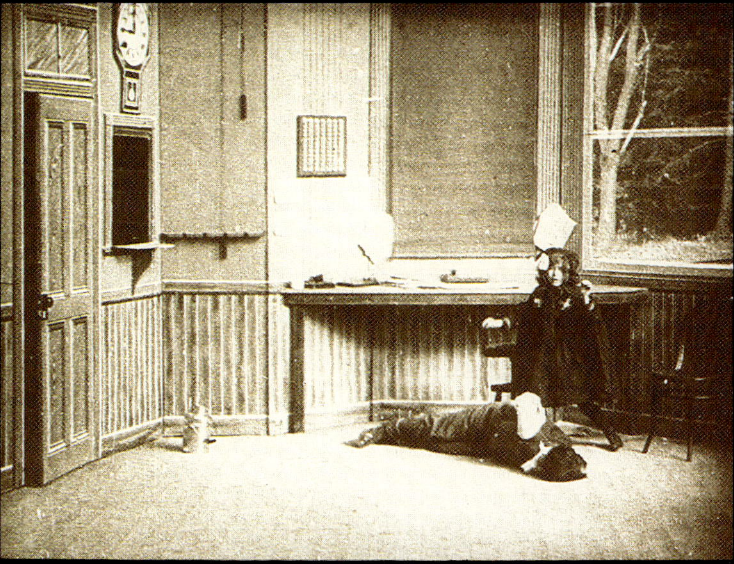

Der von seiner Tochter befreite Telegraphist

alarmiert die im Saloon versammelten Männer.

Die Banditen werden verfolgt. Einer von ihnen ist tödlich verletzt.

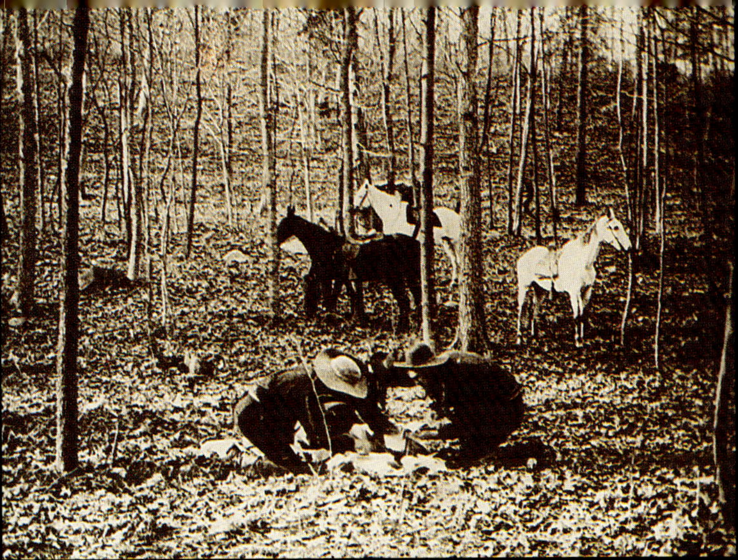

Als sie anhalten, um die Beute zu teilen,

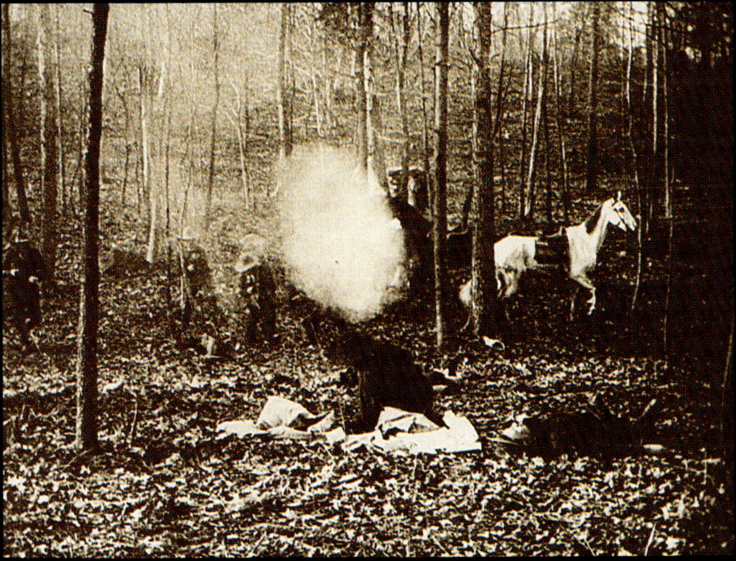

werden sie umzingelt und bis auf den letzten Mann umgebracht

Emmanuelle Toulet ist Konservatorin der Abteilung für Darstellende
Kunst der Bibliothèque Nationale, Paris, und dort für die Film-
sammlungen zuständig. Sie ist Verfasserin zahlreicher Artikel über
die Geschichte des französischen Stummfilms und die Erhaltung
des filmgeschichtlichen Erbes.

Deutsche Textfassung: Anne-Beatrice Meidow, M.A.
Wissenschaftliche Bearbeitung: Dr. Gerd Albrecht
(Deutsches Institut für Filmkunde, Frankfurt)

Die Deutsche Bibliothek – CIP-Einheitsaufnahme

Pioniere des Kinos / Emmanuelle Toulet.
[Dt. Textfassung: Anne-Beatrice Meidow. Wiss. Bearb.: Gerd Albrecht]. –
Dt. Erstausg. – Ravensburg: Ravensburger Buchverl., 1995
(Abenteuer Geschichte; 51) (Ravensburger Taschenbuch)
Einheitssacht.: Cinématographe, invention du siècle <dt.>
ISBN 3-473-51051-3
NE: Toulet, Emmanuelle; Meidow, Anne-Beatrice [Übers.];
Albrecht, Gerd [Bearb.]; EST; 1. GT

ABENTEUER GESCHICHTE

Deutsche Erstausgabe als Ravensburger Taschenbuch
© 1995 Ravensburger Buchverlag

Die Originalausgabe erschien unter dem Titel
„Cinématographe, invention du siècle"
© 1988 Gallimard / Réunion des Musées Nationaux, Paris

Redaktion der deutschen Fassung: Ursula Behrendt-Roden

Alle Rechte dieser Ausgabe vorbehalten durch
Ravensburger Buchverlag
Satz: Eduard Weishaupt, Meckenbeuren
Printed in Italy by Soc. Editoriale Libraria

5 4 3 2 1   99 98 97 96 95

ISBN 3-473-51051-3

PIONIERE DES KINOS

Emmanuelle Toulet

Ravensburger Buchverlag

Erstes Kapitel

EIN ANFANG MIT SCHRECKEN

„Haben Sie heute abend Zeit?"

„Ja", sage ich, „warum?"

„Kommen Sie um neun Uhr ins Grand Café.
Diesmal werden Sie etwas zu sehen bekommen,
das Sie, die Sie immer alle Welt mit Ihren Tricks
in Staunen versetzen, selbst verblüffen wird!"

„Tatsächlich? Was ist es denn?"

„Pst", antwortet er, „kommen Sie, und Sie werden
sehen. Es ist die Mühe wert, aber vorher verrate
ich nichts."

Zylinder, Zweispitze, Kappen, flache Priesterhüte und Kindermützen drängen sich am engen Eingang zum Indischen Salon. Das erste Kinoplakat von Henri Brispot zeigt das Kino Lumières als eine Attraktion für die ganze Familie.

Das zweite Filmplakat, das 1896 von Auzolle geschaffen wurde, zeigt diesmal den Vorführungssaal und den Spaß der Zuschauer bei der Vorführung von *Der begossene Rasengießer (L'Arroseur arrosé)*.

Skizze zu einem Jules Chéret zugeschriebenen Plakat, das niemals realisiert wurde (unten). Bei der Vorführung dieses Films beobachten einige Zuschauer mit Entsetzen, daß die Lokomotive auf der Leinwand direkt auf sie zuzurasen scheint; panisch springen sie von ihren Sitzen auf.

An einem Dezemberabend des Jahres 1895 kommt Antoine Lumière in das Büro des Taschenspielers Georges Méliès im Theater Robert-Houdin am Boulevard des Italiens, um ihn mit rätselhaften Andeutungen zu einem unbekannten Abenteuer einzuladen. Lumière gehört zu den freigiebigen Bohemiens der Großstadt. Seine berufliche Karriere hatte er mit der Gründung eines Photoateliers in Lyon begonnen. Nun geht es darum, sich in Paris um die öffentliche Präsentation der jüngsten Erfindung seiner beiden einfallsreichen Söhne Auguste und Louis zu kümmern.

Paris, 28. Dezember 1895: die erste offizielle Filmvorführung

George Méliès folgt der rätselhaften Einladung und wird diesen Abend nie vergessen: „Wir, die anderen Gäste und ich, befanden uns vor einem kleinen Lichtschirm, ähnlich jenen, die uns für die Molteni-Projektionen dienten, und nach einer Weile erschien in der Projektion eine unbewegliche Photographie, die den Place Bellecour in Lyon zeigte. Ein wenig überrascht kam ich gerade noch dazu, meinem Nachbarn zuzuflüstern: „Hat man uns nur

hierhergebeten, um uns Projektionen zu zeigen? Das mache ich seit über zehn Jahren."

„Kaum hatte ich dies ausgesprochen, als sich ein Pferd, das einen Wagen zog, in Bewegung setzte, gefolgt von anderen Wagen und Passanten. Kurz, die gesamte Bewegung der Straße spielte sich vor unseren Augen auf der Leinwand ab. Dieses Schauspiel verblüffte uns maßlos und ließ uns alle fassungslos zurück."

Der „Cinématographe" war bei privaten Versammlungen bereits einem gelehrten Publikum vorgeführt worden. Würden aber öffentliche, gebührenpflichtige Vorführungen die Pariser Bürger anlocken, die sich unter dem neuen Begriff „Cinématographe" gar nichts vorstellen konnten? Ein langjähriger Angestellter der Lumière-Betriebe, Clément-Maurice, ist für die Organisation der Kinovorführungen zuständig. Er mietet den Indischen Salon, einen kleinen, im Untergeschoß des Grand Café am Boulevard des Italiens Nr. 14 gelegenen Saal. Die Ausstattung ist schlicht: eine kleine Leinwand, hundert Stühle, ein auf einem Schemel stehender Projektionsapparat und ein am Eingang angebrachtes Schild mit dem Hinweis „Cinématographe Lumière, Eintritt 1 Franc".

Trotz seiner unmittelbaren Nachbarschaft zum Olympia ist das Pariser Viertel der großen Boulevards weniger bevölkert und weniger beliebt als der Bereich, der sich von der Oper zum Platz der Republik erstreckt. Die kinematographischen Vorstellungen im Indischen Salon finden bis 1901 statt, bekommen aber ab 1896 Konkurrenz durch andere Projektionsstätten, die meist in derselben Straße liegen. Der frühere Boulevard des Verbrechens ist zum Boulevard des Kinos geworden.

Schaulustige drängen sich am Eingang des Indischen Salons.

Der erste Tag, der 28. Dezember 1895, bringt mit 33 Zuschauern nur mäßigen Erfolg. Auch die geladene Presse reagiert noch verhalten. Jedoch beginnt nach wenigen Tagen das von Mund-zu-Mund-Propaganda angelockte Publikum herbeizuströmen. „Jene, die sich zum Besuch der Vorstellung entschlossen hatten, kamen beinahe sprachlos wieder heraus. Kurz darauf sah man sie in Begleitung all ihrer Bekannten, die sie auf dem Boulevard getroffen hatten, wiederkommen", berichtet Clément-Maurice. Bald eilen täglich über tausend Zuschauer zum Eingang des Indischen Salons, Menschenansammlungen entstehen, und nicht selten kommt es sogar zu Krawallen. Die Polizei muß im Eingangsbereich Ordnungskräfte postieren.

Im verdunkelten Saal wird bald ein Klavier aufgestellt, um das Knattern des Projektionsapparats zu übertönen. Das zwanzigminütige Programm beinhaltet etwa zehn Kurzfilme, die bei allen Zuschauern die gleiche Reaktion

Die Ankunft eines Zuges in La Ciotat (L'Arrivée d'un train à La Ciotat) **wird 1895 von Louis Lumière gedreht. Er baut seine Kamera am Bahnsteigrand auf und beginnt zu drehen, sobald der aus Marseille kommende Zug am Horizont sichtbar wird. Während die Reisenden warten, nähert sich die Lokomotive, wird immer größer und fährt schließlich am linken Bildrand vorbei. Der Film hat eine Länge von 50 Sekunden.**

hervorrufen. Der anfänglichen Skepsis und Gleichmütigkeit beim Erscheinen der ersten, unbeweglichen Photographie folgt Verblüffung, als diese sich zu bewegen beginnt. Auf die Verwunderung über die vom Wind gepeitschten Bäume und die stürmische See folgt blankes Entsetzen, als der in den Bahnhof von La Ciotat einfahrende Zug sich auf sie zuzubewegen scheint. Am Ende ist das Publikum restlos begeistert. Die im Dunkeln sitzenden Zuschauer, deren Augen vom Flackern des Lichts, vom Flimmern des Bildes und den raschen, abgehackten Bewegungen strapaziert werden, haben nicht das Gefühl, lediglich der Premiere eines neuen Spektakels beizuwohnen. Der „Cinématographe" scheint für sie vielmehr eine tiefergehende Bedeutung zu haben. Es grenzt an die Reproduktion des Lebens selbst, was sie dort sehen, und scheint den Augenblick dem Verhängnis der Vergänglichkeit entreißen zu können, wie es ein zeitgenössischer Journalist formuliert: „Wenn diese Apparate erst jedermann zur Verfügung stehen werden, wenn alle ihre Lieben nicht nur starr, sondern in Bewegung und mit den ihnen vertrauten Gesten, mit zum Sprechen geöffnetem Mund filmen können, dann wird der Tod nicht länger endgültig sein."

Während des Kongresses der französischen Gesellschaft für Photographie im Juni 1895 finden in Lyon kostenlose Filmvorführungen statt. Im Januar 1896 nimmt ein Kinosaal in der Stadt der Erfinder den regelmäßigen Betrieb auf.

Louis Lumière erweist sich auf Anhieb als meisterhafter Regisseur. Sein zeichnerisches und photographisches Talent beeinflußt sicherlich seinen Sinn für Bildeinstellung, Raum und Belichtung. In Szenen des alltäglichen Lebens, die oft mit Familienmitgliedern gedreht werden, mischen sich Spontaneität und Inszenierung, wie diese Szene aus *Die Fahrradstunde (Leçon de bicyclette)* aus dem Jahr 1895 zeigt.

Bald beginnt der Kinematograph seine Erfolgstournee durch die Hauptstädte Europas. In London wird er nach der ersten öffentlichen Projektion am 20. Februar 1896 am Royal Polytechnic Institute im Empire Theatre aufgestellt, wo es zu ausverkauften Vorstellungen kommt. Die Vorführungen in England werden von Félicien Trewey, einem Freund Antoine Lumières, organisiert. Trewey ist ein über den Kanal hinaus bekannter französischer Taschenspieler. In dem 1895 von Louis Lumière gedrehten *Kartenspiel (Partie d'écarté)* spielt Trewey mit dem Vater und Schwiegervater des Regisseurs Karten. Der Auftritt Treweys in der Welt des Kinos ist zwar nur von kurzer Dauer, aber sein Mitarbeiter, der junge englische Elektriker Matt Raymond, vermehrt die Anzahl der Projektionsgeräte in ganz England und Irland und wird zu einer maßgeblichen Persönlichkeit für die Verbreitung des Kinos in Großbritannien. Zu den frühen Filmen Lumières gehört auch *Das Riesenrad von Chicago (Chicago: la Grande Roue)*, aus dem diese Szene (unten) ist. Filme, die wie dieser alltägliche Situationen „dokumentieren", fixieren den bürgerlichen Lebensstil der Jahrhundertwende.

New York, 29. Juni 1896:
Das amerikanische Publikum
bejubelt den französischen Apparat.

Auguste und Louis Lumière entscheiden sich gegen
einen Verkauf ihres Apparats, der von allen begehrt wird.
Statt dessen senden sie professionelle Kameraleute in die ganze Welt, die eine doppelte
Aufgabe haben: das Drehen neuer Filme,
die das Repertoire des Kinematographen
erweitern sollen, sowie die Organisation von Filmprojektionen in
vorübergehend angemieteten
Räumen. Die Nachfrage ist
international enorm.
Im Mai 1896 reist Félix
Mesguich, ein neuer
Mitarbeiter des Hauses,
in die Vereinigten Staaten.
Die erste Filmvorführung
in Amerika findet
am 29. Juni 1896
im Keith's Theatre, einem
Variété in New York, statt.
Das Publikum ist maßlos begeistert. „Man muß diese
Momente kollektiver Euphorie, diese rauschenden

Kataloge und Film-
listen der Lumière-
Filme verzeichnen
zwischen 1895 und 1907
insgesamt 1424 Filme,
davon 337 Szenen des
täglichen Lebens,
247 Reisen in fremde
Länder, 175 Reisen in
Frankreich, 181 offizielle
Feierlichkeiten, 125 französische Militärparaden,
97 komische Filme,
63 „Panoramen",
61 Schiffahrtsszenen,
55 ausländische Militär-
paraden, 46 Tanzdarstel-
lungen und 37 Volks-
feste.

Vorstellungen erlebt haben,
um zu verstehen, wie weit
der Enthusiasmus der Menge
gehen kann. Mit einer Schalter-
bewegung tauche ich Tausende
von Zuschauern ins Dunkel. Bild für
Bild läuft durch und wird von tosendem
Beifall begleitet; nach dem sechsten Film
schalte ich das Licht im Saal wieder an.
Der Saal tobt. Rufe ertönen: „Lumière frères,
Lumière brothers!"

Der Filmvorführer erinnert sich, von Journalisten bestürmt und im Triumphzug durch den Saal
getragen worden zu sein, während ein Orchester
die „Marseillaise" spielte. Der Grundstein für die
Etablierung des Kinos als Massenmedium ist
damit auch in den Vereinigten Staaten gelegt.

Die von Lumières
Kameraleuten
gedrehten „Städtepor-
träts", wie die links abge-
bildete Aufnahme des
Riesenrads von Chicago
(Chicago: la Grande
Roue), sind sowohl für
Zuschauer bestimmt,
die an fremden Ländern
und Sitten interessiert
sind, als auch für Ein-
heimische, denen das
Wiedererkennen ihnen
bekannter Orte Vergnü-
gen bereitet.

Die dem amerikanischen Protektionismus ausgesetzten Kameraleute Lumières werden bald vom Markt verdrängt.

Die Bevölkerung wird ungeduldig. Jede Stadt fordert eigene Filmprojektionen, und das kleine Unternehmen in Lyon entsendet jede Woche neue Kameraleute in die USA, die bald mit Arbeit überlastet sind.

Die Franzosen werden der Nachfrage nicht mehr gerecht, und die Konkurrenz erhält Auftrieb. Der neue Präsident der Vereinigten Staaten, William McKinley, fördert ein protektionistisches Klima, in dem für Inlandprodukte mit dem Slogan „America for Americans" geworben wird. Auch die Werbung zielt auf nationalistische Gefühle ab: „Die Bilder des American Biograph flimmern nicht so wie die des ‚Cinématographe'. Der Biograph projiziert ein viel größeres Bild als der französische Apparat. Außerdem handelt es sich um ein amerikanisches Gerät. Es werden daher mehr Filme nationaler Herkunft gezeigt werden."

Die Kameraleute Lumières haben in Amerika mit neuen Schikanen zu kämpfen.

Im Januar 1897 wird Félix Mesguich beim Filmen einer Schneeballschlacht verhaftet und unter dem Vorwand, er besäße keine Dreherlaubnis, zur Polizei gebracht. Im Juni des gleichen Jahres erhebt die Zollverwaltung gegenüber den französischen Kameraleuten den Vorwurf, das Filmmaterial illegal eingeführt zu haben. Die Beschlagnahme der Apparate ist der Auslöser für den Rückzug der Franzosen. Lafont, der Geschäftsführer der amerikanischen Niederlassung, flüchtet nach Übersee.

Und so geht das amerikanische Abenteuer des „Cinématographe Lumière" zu Ende: eine kurze, ein Jahr währende Episode, ein Traum mit bösem Erwachen. Die Ausbeute sind Kurzfilme, die von den Kameraleuten auf ihren Rundreisen von der New Yorker Untergrundbahn bis zu den Niagarafällen gedreht wurden.

Félix Mesguich berichtet in seinen Memoiren „Das Drehen der Kurbel" von den Reisen im Dienste der Firma Lumière, die ihn von Frankreich in die USA, nach Kanada und Rußland führten. Als einer der leidenschaftlichen Pioniere des Werbefilms und des Tonfilms wird er ein „Bilderjäger" bleiben.

In Sankt Petersburg erleben die zur Krönung des Zaren angereisten Franzosen ein Drama.

Zar Nikolaus II. hat zwei Jahre zuvor die Nachfolge Alexanders III. angetreten und soll am 14. Mai 1896 gekrönt werden. Dieses außergewöhnliche Ereignis lockt die Kameraleute Lumières nach Rußland, um auch hier weitere Meilensteine der Kinogeschichte zu setzen.

Allerdings sind die Bedenken der russischen Regierung gegenüber der neuen Technik hier so erheblich, daß sogar die französische Botschaft bemüht werden muß. Endlich wird für Charles Moisson und seine Filmgeräte

Im Katalog des Hauses Lumière sind sieben von Charles Moisson und Francis Doublier gedrehte Filme aufgeführt. Auch der Ausschnitt oben, der das russische Staatsoberhaupt Nikolaus II. bei den Krönungsfeierlichkeiten zeigt, stammt aus einem Film Moissons.

eine spezielle Bühne errichtet, von der aus die feierlichen
Bilder des letzten Zaren auf Zelluloid gebannt werden
sollen. Zwei Tage später ist es soweit: Das neue Staatsoberhaupt wird dem Volk öffentlich präsentiert. Als ein Ge-
länder bricht, breitet sich in der fast ein halbe Million
Personen zählenden Menge Panik aus. Menschen werden
zu Tode getrampelt, die Polizei verhaftet jeden, der sich
der kaiserlichen Tribüne nähert. Die Reaktion der Kameraleute angesichts dieser Szene des Grauens: Sie drehen
weiter. Kurz darauf werden sie von der Polizei verhaftet
und ihre Ausstattung konfisziert. Niemand wird jemals
den Film mit den 5000 Toten zu sehen bekommen, aber
der Journalismus hat eine neue Dimension erhalten.

**Begeisterung am Zarenhof, Bauernaufstände, Mißtrauen
der russischen Polizei: das „Reich der Schatten" läßt
niemanden unberührt.**

Die erste öffentliche Filmvorführung findet am 17. Mai im
Aquarium, dem Sommertheater Sankt Petersburgs, statt.
Die Ankunft eines Zuges, noch immer eine der eindrucks-
vollsten Szenen aus den Pioniertagen des Kinos, findet im
Lande Tolstois ein differenzierteres Echo: „Als ein ganzer
Zug vom Horizont aus auf uns zukommt und die Lein-
wand zu sprengen scheint, denken wir unwillkürlich an die
gleiche Szene in ‚Anna Karenina'", schreibt ein gebildeter
Zuschauer.

„Zum letzten Mal wird
in Tambov mit Genehmi-
gung der Behörden (…)
eine Vorführung des
Cinematographe Lumière
stattfinden…"

Am 7. Juli begeistert das von Eugène Promio vorge-
stellte Lumière-Programm den Zaren und seinen Hof
und gewinnt so ganz Rußland für den Kinematographen.
Die Gebrüder Arthur und Ivan Grünewald erhalten eine
amtliche Dreherlaubnis und geleiten junge französische
Kameraleute auf eine äußerst abenteuerliche Reise durch
die russischen Provinzen. Der Kinematograph beeindruckt
jedes Publikum auf die eine oder andere Weise. Auf einem
Jahrmarkt provoziert er die Furcht und den Zorn der
Bauern, die sich fragen, ob es sich hier um Hexerei oder
um politische Propaganda handelt. Unter Polizeischutz
gelangt der Filmvorführer ins Hotel zurück, während Saal
und Apparat in Brand gesteckt werden.

Diesem Zwischenfall auf dem Lande folgt im darauffolgenden Jahr ein öffentlicher Skandal. Félix Mesguich
filmt im Laufe eines Galaabends die schöne Otero beim
Tanz mit einem russischen Offizier. Bei der Vorführung
des Films wird der Kameramann von der Polizei festge-

Die Programme der Salons der Jahrhundertwende bieten drei Attraktionen, die bis zum beginnenden 20. Jahrhundert in enger Beziehung zueinander stehen werden: die von Wilhelm Konrad Röntgen im Jahr 1895 entdeckten Röntgenstrahlen, die Panoramen und das Kino.

nommen, der Beleidigung der Armee bezichtigt und rasch außer Landes gebracht.

Paris, New York, Sankt Petersburg – drei Orte, drei schicksalhafte Ereignisse für den Kinematographen. Während dieser Zeit wird er nicht nur enthusiastisch begrüßt, auch Ablehnung und Kritik werden laut. So lautet der Kommentar zum „Cinématographe Lumière", den ein russischer Journalist auf dem Jahrmarkt in Nischni-Nowgorod entdeckt: „Gestern abend war ich im Reich der Schatten. Wenn Sie sich nur vorstellen könnten, wie fremdartig diese Welt ist. Eine Welt ohne Farben und Töne. Alles, die Erde, das Wasser, die Bäume, die Menschen, sind da von einem monotonen Grau. Graue Sonnenstrahlen in einem grauen Himmel, graue Augen in einem grauen Gesicht, die Blätter eines Baumes so grau wie Asche. Dies ist nicht das Leben, sondern der Schatten des Lebens. Es ist nicht die Bewegung des Lebens, sondern eine Art stummes Gespenst."

Nach Reisen durch Lateinamerika und Japan begibt sich der Filmvorführer Gabriel Veyre im Jahr 1899 nach China. Die Dreharbeiten auf der Straße führen zu verschiedenen Reaktionen. Spuren davon, wie der hier im Vordergrund entfaltete Fächer (Mitte), sind in den Filmen zu sehen. Manchmal nähern sich neugierige Passanten dem Objektiv, bis die Sicht völlig verstellen. Überraschte Kinder beobachten skeptisch den fremden Apparat.

ZWEITES KAPITEL

DIE ENTWICKLUNG GEHT WEITER

Actograph, Animatograph, Bioskop, Cameragraph, Chronophotograph, Cinématographe, Eidoloskop, Eknetograph, Elektrograph, Ikonograph, Kinoptikon, Panoptikum, Phantaskop, Phonoskop ... Verwirrend ist die Vielfalt der technischen Erfindungen für die Zeitgenossen, rätselhaft sind die neuen Begriffe.

Angefangen von Nicéphore Niepces erster Photographie im Jahr 1826, über die Glasplatten, das feuchte Kollodium bis hin zur Bromsilber-Gelatineschicht, hat die Photographie durch immer neue Entdeckungen Fortschritte gemacht. Es fehlt nur noch die Bewegung.

**Seit 1890 haben sich die Patente zur Aufnahme
und Projektion von bewegten Bildern vervielfacht,
aber einige Probleme sind noch immer ungelöst.**

Die Erfindungen folgen Schlag auf Schlag. Unabhängig
voneinander kommen Forscher und Tüftler bisweilen zu
identischen Ergebnissen, manche werden durch laufende
Arbeiten angeregt. Alle glauben sich dem Ziel nahe.

Die ersten fünf Jahre sind von hektischer Geschäftigkeit
und Heimlichtuerei geprägt. Oft ist es schwer festzustellen,
welches Verfahren zuerst da war und welchen Qualitäts-
standard die einzelnen Erfindungen erreicht haben. Denn
die Patente allein sind kaum aussagekräftig genug. Allgemein bekannt ist um 1890 lediglich,
daß die Zerlegung der Bewegung in
eine Reihe von Momentaufnahmen
inzwischen möglich ist. Eadweard
James Muybridge und Etienne-Jules
Marey haben Resultate von bemerkenswerter Schärfe erzielt.

Der französische Physiologe
Marey hat die Idee, die Bilder nicht
auf Platten, sondern auf einem lan-
gen Streifen aus photographischem
Papier aufzuzeichnen, der vor der
Linse abgerollt wird. Seine Bewegung
ist jedoch unregelmäßig, da dieser
Streifen am Rand nicht perforiert
ist und so nicht exakt in seiner
Spur gehalten wird.

Ein Apparat zur Aufnahme
von Bildern (Kamera) ist ebenfalls in der Entwicklung. Nach
Muybridge, der eine ganze Reihe

Albert Londe, Char-
cots Assistent an der
Salpétrière, fertigt diese
„Photochronographische
Studie" einer Seiltänze-
rin mit Hilfe eines
Geräts mit mehreren
Linsen an, das er für die
Erforschung von Krank-
heiten erfunden hat.

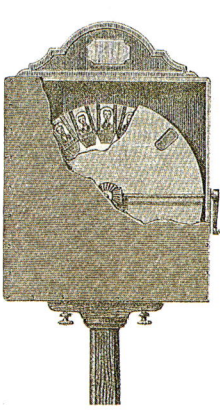

Georges Démeny, der
Mitarbeiter Mareys,
entwickelt sein Phono-
skop (links und oben),
das die Lippenbewegung
nachbildet, um taub-
stummen Kindern das
Sprechen beizubringen.

von Photoapparaten entwickelt hat, arbeiten einige Erfinder an Prototypen mit mehreren Linsen, während andere sich Apparaten mit einer einzigen Linse zuwenden. Das Hauptproblem ist die Verlagerung des photographischen Trägers bei der Öffnung der Verschlußvorrichtung des Objektivs.

Was das Vorführgerät (Projektor) angeht, so ist die Forschung noch wenig fortgeschritten, und die Ergebnisse sind alles andere als zufriedenstellend. Man weiß, daß der belichtete Träger an einer Lichtquelle vorbeigeführt werden muß. Damit der Eindruck einer Bewegung korrekt wiedergegeben werden kann, muß die Anzahl der in einer Sekunde belichteten Bilder identisch sein mit der Anzahl der in der gleichen Zeit aufgenommenen Bilder.

Der Transportmechanismus der Bilder spielt also eine entscheidende Rolle, und gerade deshalb lassen befriedigende Lösungen sehr lange auf sich warten.

Im Jahr 1887 setzt der Deutsche Ottomar Anschütz mit seinem Elektrotachyskop, seinem Projektionsschnellseher, Bilder in Bewegung. Er verwendet dafür transparente Chronophotographien.

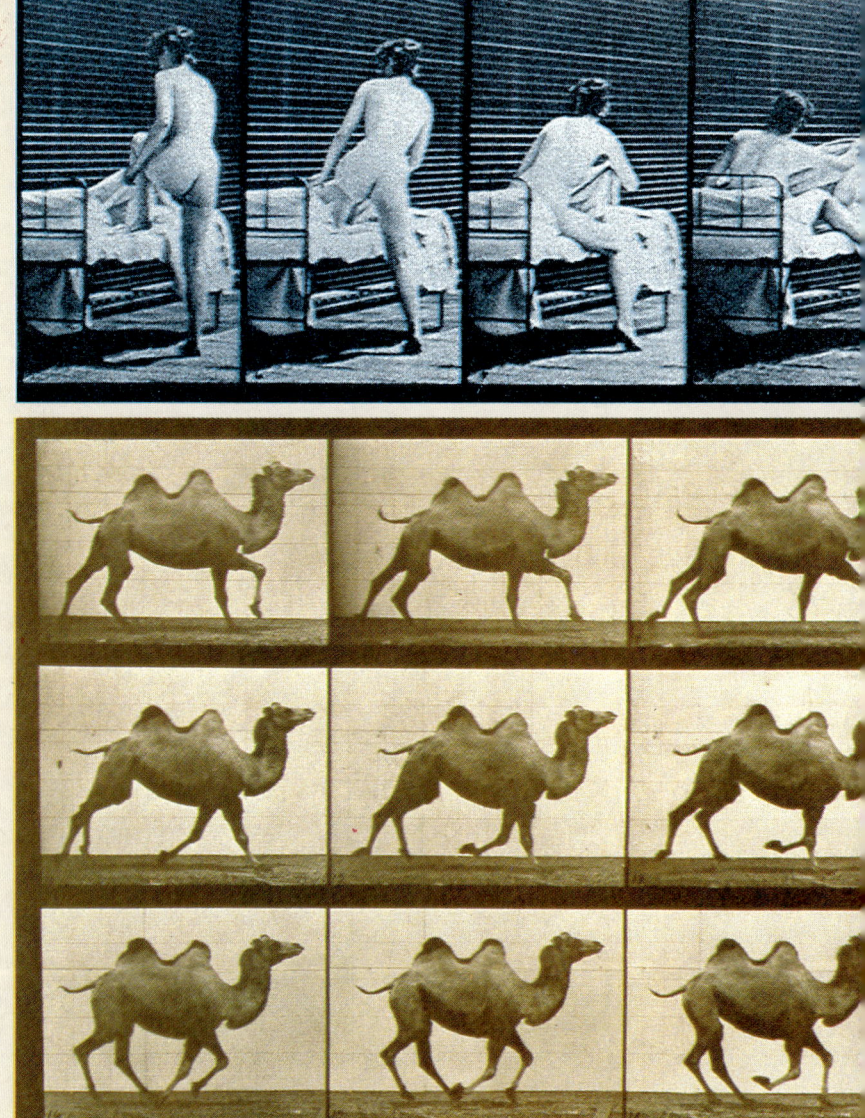

Eadweard James Muybridge

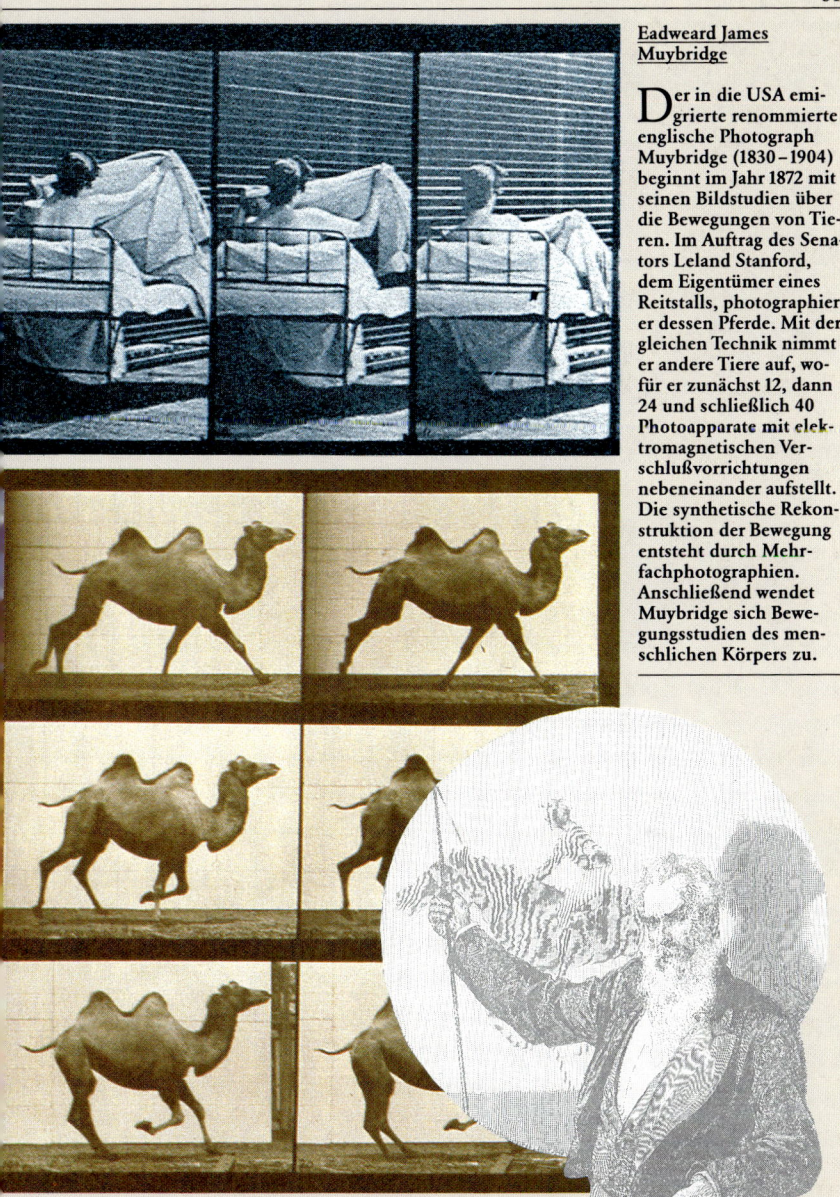

Der in die USA emi-
grierte renommierte
englische Photograph
Muybridge (1830–1904)
beginnt im Jahr 1872 mit
seinen Bildstudien über
die Bewegungen von Tie-
ren. Im Auftrag des Sena-
tors Leland Stanford,
dem Eigentümer eines
Reitstalls, photographiert
er dessen Pferde. Mit der
gleichen Technik nimmt
er andere Tiere auf, wo-
für er zunächst 12, dann
24 und schließlich 40
Photoapparate mit elek-
tromagnetischen Ver-
schlußvorrichtungen
nebeneinander aufstellt.
Die synthetische Rekon-
struktion der Bewegung
entsteht durch Mehr-
fachphotographien.
Anschließend wendet
Muybridge sich Bewe-
gungsstudien des men-
schlichen Körpers zu.

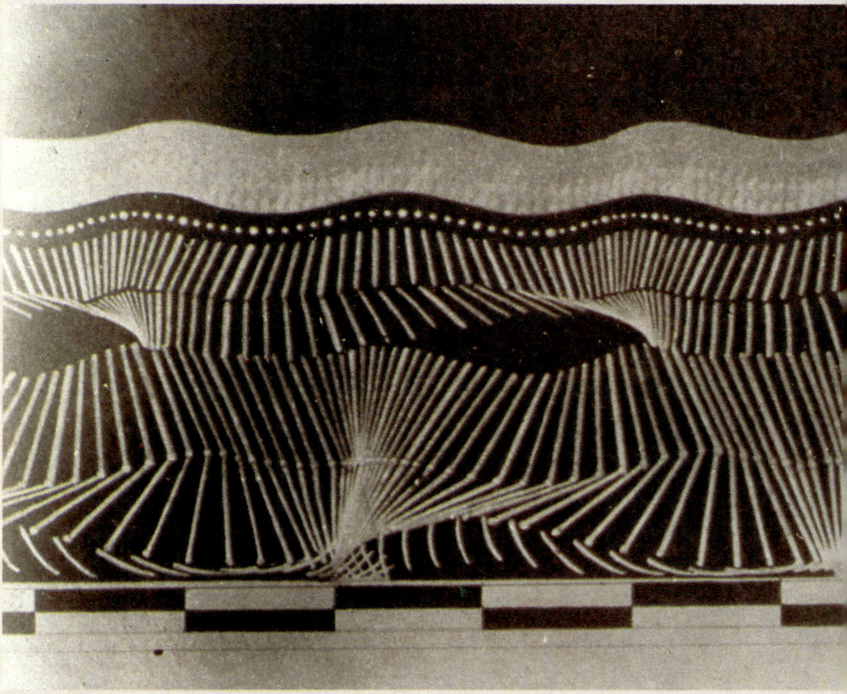

Etienne-Jules Marey

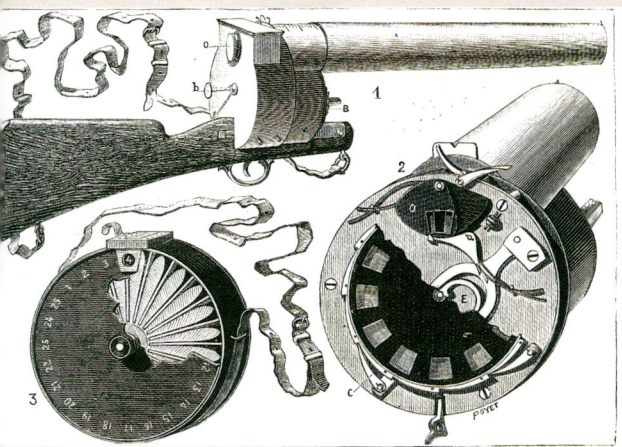

Der französische Professor für Naturgeschichte Marey (1830–1904) gelangt über das Studium des Bewegungsmechanismus der Tiere zur Photographie. 1882 entwickelt er die „photographische Flinte" (links), um den Vogelflug festhalten zu können und erhält damit zwölf Bilder auf einer Scheibe. Er perfektioniert sein System mit der Entwicklung des sogenannten Chronophotographen, der mit Zelluloidbändern arbeitet. Vor einem schwarzen Hintergrund läßt er weißgekleidete Männer laufen, sodann Männer in schwarzer Kleidung mit weißen Streifen. Auf diese Weise erhält er eine graphische Umsetzung der zerlegten Bewegung (links unten). Im Gegensatz zu Muybridge interessiert sich Marey nicht für die Wiederherstellung der Bewegung.

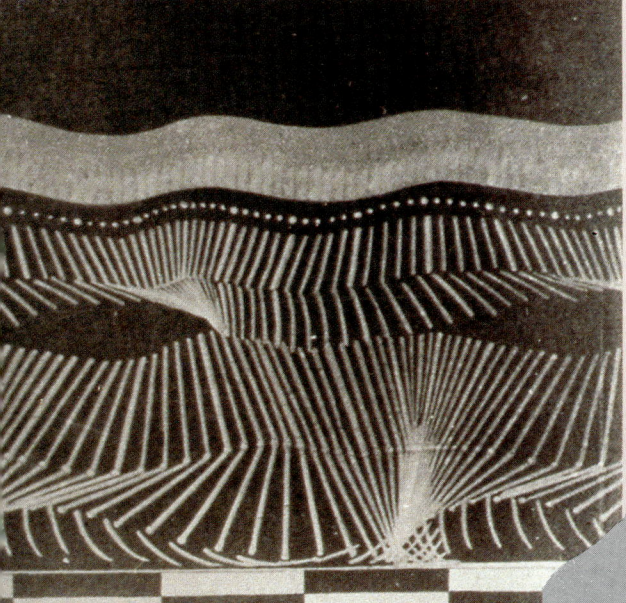

Der geheimnisvollste aller Erfinder des Kinos

Am 16. September 1890 verschwindet ein Mann spurlos, der in Dijon den Expreß nach Paris bestiegen hatte. Zu dieser mysteriösen Tagesmeldung sollte es niemals eine weitere Erklärung geben. Der Name des verschwundenen Mannes ist Louis Aimé Auguste Leprince. Zwei Jahre zuvor hatte er eine Kamera mit 16 Linsen entwickelt, hinter denen abwechselnd zwei Filmbänder laufen. Im Jahr 1889 experimentiert er mit einer einlinsigen Kamera, mit einem Projektor, der mit einem Malteserkreuz als Transportvorrichtung ausgestattet war sowie mit einer Filmspule aus perforiertem Zelluloid. Mit dieser Ausrüstung macht er Filmaufnahmen und nimmt damit bereits alle Elemente vorweg, auf denen das Kino beruht. Wäre das Kino ohne sein mysteriöses Verschwinden fünf Jahre früher entstanden? Die Frage bleibt unbeantwortet.

Der Angestellte der Studios von West Orange niest vor der Kamera für den Film *Aufnahme eines Niesens (Record of a Sneeze)*. Dieser Film (rechts) fiel als erster offiziell unter das Copyright vom 7. Januar 1894. Das Filmband verlief schleifenförmig im Innern des Kinetoskops (links unten).

Die Pariser Weltausstellungen der Jahre 1889 und 1900 bieten Anlaß für einen fruchtbaren Austausch der drei Hauptpersonen in der Geschichte des bewegten Bildes: Edison (oben links), Dickson und Marey (rechts).

Edison arbeitet an der Entwicklung eines Apparats, „der für das Auge wäre, was der Phonograph für das Ohr ist".

Ein anderer Pionier des Kinos, Eadweard Muybridge, kommt im Laufe einer seiner Reisen, auf denen er mit dem Zoopraxiskop Vorträge über seine Erforschung der Bewegung von Mensch und Tier hält, 1888 nach Orange im Bundesstaat New Jersey. Er begegnet einem knapp vierzigjährigen Mann, der bereits im Besitz von über 100 Patenturkunden ist und vor allem durch die Erfindung des Telegraphen, der Glühbirne und des Phonographen berühmt geworden ist. Es ist Thomas Alva Edison.

    Kurz nach dieser Begegnung entwirft dieser das Prinzip seines optischen Phonographen. Er beauftragt den Engländer William Kennedy

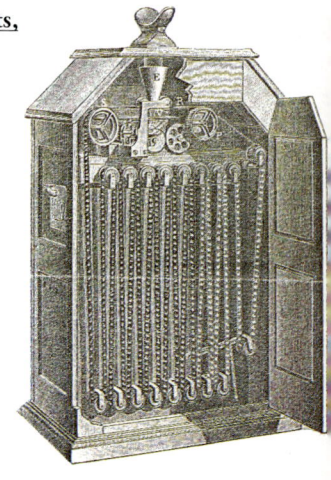

Laurie Dickson, einen begabten und engagierten Mitarbeiter, mit der Ausarbeitung der Pläne für zwei Apparate. Der sogenannte Kinetograph (Bewegungsaufzeichner) ist für die Aufnahme von Bildern gedacht, das sogenannte Kinetoskop (Bewegungsseher) für deren Wiedergabe. Die Arbeiten treten auf der Stelle. Als Edison 1889 zur Weltausstellung nach Paris reist, trifft er Marey, der ihm vom Verlauf seiner eigenen Arbeiten berichtet. Der amerikanische Erfinder verzichtet bei der Aufzeichnung photographischer Aufnahmen auf den Zylinder und ersetzt ihn durch einen beidseitig perforierten Filmstreifen, der durch ein Zahnrad regelmäßig vorwärts bewegt wird.

Edison entwickelt in seinen Laboratorien in West Orange den Film und konstruiert das Kinetoskop.

Voraussetzung für dieses Verfahren ist jenes neue lichtempfindliche Filmmaterial, das seit 1889 auf dem amerikanischen Markt erhältlich ist. Es besteht aus Zellulosenitrat und wurde von Hannibal Goodwin entwickelt. George W. Eastman ist der erste Produzent des bahnbrechenden Materials. Dickson bestellt bei den Eastman-Betrieben 35 mm breite Streifen aus diesem Material. Der „Film" ist geboren. Nun ist für Edison und Dickson der Weg zum Kinetoskop nicht mehr weit. 1891 ist das Gerät zur Wiedergabe bewegter Bilder fertig. Es besteht aus einer Art aufrecht stehendem Kasten, in den man von oben durch eine Linse hineinblickt. Durch das Drehen einer Kurbel bewegt sich der Film über ein Rollensystem am Okular vorbei. Es handelt sich hier um ein Betrachtungsgerät, das keine Projektion auf eine Leinwand erlaubt.

1894 werden diese neuen Geräte mit Geldeinwurfschlitz in der Öffentlichkeit aufgestellt und verhelfen Edison, dem „Hexer von West Orange", zu neuem Ruhm.

Während Dickson in der Black Mary, dem ersten Filmatelier der Welt, filmt, nimmt das Geschäft mit „lebenden Bildern" Gestalt an.

Nachdem das Publikumsinteresse für die neuen Kinetoskope geweckt ist, verstärkt Dickson seine Bemühungen, mit dem Kinetographen Filme zu drehen. Das Problem ist, daß das Tageslicht kaum ausreicht. Im Jahr 1893 entsteht daher neben den Bauten von West Orange ein seltsamer Neubau. Die Mitarbeiter geben der schwarzen Bretterbude mit zwei Dachgiebeln den Spitznamen Black Mary; im amerikanischen Volksmund wird sie schlicht der „Gefängniswagen" genannt. Dieses erste Filmstudio der Welt ist mit einem aufklappbaren Dach ausgestattet und auf Gleise montiert, damit es sich um seine eigene Achse drehen und die Sonnenstrahlen einfangen kann. Auf diese Weise läßt sich zu jeder Tageszeit unabhängig vom jeweiligen Stand der Sonne drehen. Vor der schwarzen, als Hintergrund dienenden Leinwand agieren zunächst die Mitarbeiter des Betriebes,

„Es (die Black Mary, das erste Filmstudio der Welt) ist ein längliches, in der Mitte etwas erhöhtes Gebäude, dessen Dach eine bewegliche Fläche besitzt, die von einem einzigen Kameramann je nach Wunsch gehoben oder gesenkt werden kann. Der ganze Bau ist von einem düsteren, unheimlichen Schwarz, dessen einziger Schmuck eine Vielzahl von Nieten ist. Die Außenwände des Gebäudes sind mit Teerpappe belegt. Mit seinem segelähnlichen Dach und seiner Farbe wie Ebenholz erinnert der Bau an ein seltsames Schiff, eine Art mittelalterliches Piratenschiff…"

W. K. L. Dickson,
History of Kinetograph, Kinetoscope and Kineto-Phonograph

darunter Dickson selbst. Bald erscheinen auch Schauspieler, Sportler sowie Artisten des Zirkus Barnum oder die Truppe von Buffalo Bill. Ganze Theaterkompanien rücken an, um ihre erfolgreichsten Inszenierungen aufzeichnen zu lassen. Dickson inszeniert selbst eigene Drehbücher und dreht auch außerhalb der Black Mary im Freien.

Im Kinetoskop können Schaulustige sich dann das Ergebnis der Filmaufnahmen ansehen. Für einen Nickel betrachten sie durch eine Öffnung Kurzfilme von einer Minute Länge, in denen grimassiert, geniest, gestikuliert, gespielt, getanzt und geboxt wird. Der erste Boxfilm ist so erfolgreich,

Der chinesische Wäscher wird 1894 von Dickson in der Black Mary gedreht. Das schlichte Dekor befindet sich vor einem schwarzen Hintergrund und zeigt eine einfache Szene. Der Film dauert nur 30 Sekunden.

„Wenn man ins Innere gelangt, fühlt man sich in einen Festsaal aus alter Zeit versetzt. (...) Was ist das für ein merkwürdiger Raum am anderen Ende, der sorgfältig von reflektierendem Tageslicht abgeschirmt wird und mit purpurnem Tuch ausgeschlagen ist? (...) Die Lösung ist ganz einfach: Es handelt sich nur um eine Installation, die die Aufnahme mit einem Kinetographen unter besten Lichtbedingungen erlaubt."
W. K. L. Dickson

Die Kinetoskope werden in umgebauten Läden, auf Jahrmärkten und Volksfesten aufgestellt.

„Eine Art Boutique,
die vor elektrischem
Licht nur so funkelt.
(…) Im Innern sieht
man einige 1,50 m hohe,
geschlossene Kästen
und davor jeweils einen
Herrn oder eine Dame,
die aufmerksam beob-
achten, was sich in
ihrem Inneren abspielt.
Treten Sie ein, bezahlen
Sie 25 Centimes, und
der nächste freiwer-
dende Kasten steht zu
Ihrer Verfügung!"
Henry de Parville,
*La vie théâtrale
(Das Theaterleben),*
Dezember 1894

daß speziell für das Kino ein Kampf zwischen dem Welt-
meister im Schwergewicht, „Gentleman Jim" Corbett,
und Peter Courtney unter Aufgebot eines großen Presse-
rummels organisiert wird. Gerade die Boxkämpfe spielen
eine wichtige Rolle in der Entwicklung des frühen Kinos.
Sie ziehen fremdes Kapital an und beschleunigen die
Entstehung ungewöhnlich langer Filme.

Das erste Kinetoskop Parlor (Kinosaal) wird am
14. April 1894 in New York eröffnet. Weitere folgen in amerikanischen Großstädten, in London, Paris und Mexiko.
Der Verkauf der Geräte und Filme erfolgt durch wenige
Agenten. Die „lebenden Bilder" sind Gegenstand eines
lukrativen internationalen Handels geworden.

Ist Max Skladanowsky, ein Deutscher, der Vater der Kinematographie?

Während die Amerikaner die Erfindung des Kinos
Edison zuschreiben und die Franzosen den Gebrüdern
Lumière, ist dieser Ehrentitel nach Meinung der Deut-
schen das Verdienst ihres Landsmanns Max Skladanowsky.

Max und Emil Skladanowsky sind Söhne eines
Schaustellers und „Nebelbildvorführers", dessen Handwerk
sie ebenfalls erlernen. Das „Mechanische Theater" der
„Gebrüder Hamilton" ist in Nord- und Mitteleuropa mit
Nebelbildern zu sehen, die von Laternen mit mehreren
Objektiven erzeugt werden.

Max Skladanowsky, der als Unternehmer um eine
Belebung seiner Vorstellung bemüht ist, nimmt eine

Anzahl von Negativen auf Zelluloidfilme auf. Drei Jahre
lang arbeitet er an der Konstruktion eines riesigen
Wiedergabegeräts mit zwei Bildwerfern, dem Bioskop.
Die seitlichen Perforationslöcher des Filmstreifens sind
durch Schuhösen verstärkt.

Am 1. November 1895 findet im Berliner Varieté
„Wintergarten", 58 Tage vor der Vorführung im Pariser
„Grand Café", die erste öffentliche Vorführung des
Bioskops statt. Sowohl in der Organisation als auch im
Inhalt unterscheidet sich Max Skladanowskys Attraktion
von seiner französischen Konkurrenz. Diese besteht,
vom *Boxenden Känguruh (Kangourou boxeur)* bis zum
Schlangentanz (Danse serpentine), ausschließlich aus
Varieténummern. Jeder Szene geht ein Zwischentitel vor-
aus, der mit einem kleinen Bildwerfer nach dem Prinzip
der Laterna magica auf die Leinwand projiziert wird.

Im Jahr 1896 brechen die beiden Brüder zu einer
Tournee in die Hauptstädte Nordeuropas auf. Selten
sind sie jedoch die ersten, die Filme vorführen, und so
hat es das Bioskop mit seinen
begrenzten Möglichkeiten
nicht leicht, sich gegen die
Konkurrenz der bewegten
Bilder zu behaupten.

**„Von all meinen Erfindun-
gen ist dies diejenige, die
mich am wenigsten ge-
kostet hat", pflegte Louis
Lumière zu bemerken.**

Die beiden Söhne des
Photographen Lumière aus
der Rue de la Barre in Lyon
sind hervorragende Schüler.
Nach naturwissenschaft-
lichen Studien an der École
de la Martinière arbeiten der
ältere Auguste und der jüngere
Louis im väterlichen Unternehmen, einem Photoatelier, zu
dem jüngst auch eine Fabrik für
Photochemie hinzugekommen
ist. Im Jahr 1881 entwickelt der
siebzehnjährige Louis eine

Als echter Handwerker
des Kinos hat Max
Skladanowsky alles
selbst gebaut: Aufnahme-
und Vorführungsgerät,
Kopier- und Perfora-
tionsmaschinen. Das
Bioskop arbeitet gleich-
zeitig mit zwei Filmstreifen zu je 48 Bildern, die
mit einer Geschwindig-
keit von 8 Bildern pro
Sekunde durchlaufen.
Eine Projektion dauert
nicht länger als 10 Sekunden.

lichtempfindliche „Trockenplatte" mit einer Bromsilber-Gelatineschicht, die das Vermögen der Familie Lumière begründen wird. Im Viertel Monplaisir wird eine Fabrik gegründet. 1894 beschäftigt das Unternehmen Antoine Lumière und Söhne 300 Arbeiter und produziert 15 Millionen Platten mit „blauem Etikett", dem Markenzeichen der Firma.

Die jungen Industriellen bleiben trotz ihres Wohlstands besessene Forscher, die sich weiterhin mit der Farbphotographie und den „lebenden Bildern" beschäftigen. Vergeblich konstruiert Auguste mehrere Apparate. Im Geschäft der Gebrüder Werner am Boulevard Poissonnière, Edisons Vertragshändler in Paris, studieren sie die Kinetoskope und lassen sich von ihnen für weitere Versuche inspirieren. Sie übernehmen das Prinzip des perforierten Films amerikanischer Geräte, aber das Problem des Filmtransports bleibt bestehen. Eine Winternacht im Jahr 1894 bringt schließlich die Lösung.

„Ich war ein wenig krank und mußte das Bett hüten. In einer schlaflosen Nacht erschien die Lösung klar vor meinem inneren Auge..."

„Sie bestand darin, das vom Transportmechanismus der Nähmaschine her bekannte Greifersystem den Erfordernissen der Filmaufnahme anzupassen", berichtet Louis Lumière. „Mein Bruder hatte in einer einzigen Nacht den Cinématographe erfunden", ergänzt der ältere Bruder.

Umgehend wird der Chefmechaniker der Fabrik, Charles Moisson, mit dem Bau eines Prototyps beauftragt. Schon die erste Version erweist sich als brauchbar und bleibt in ihren Hauptmerkmalen lange Zeit vorbildlich. Der leichte, handliche Apparat ist sehr praktisch und dient sowohl der Aufnahme und dem Drehen als auch der Projektion von Filmen. Die Geschwindigkeit von 16 Bildern pro Sekunde wird bis zum Erscheinen des Tonfilms 1929 allgemein übernommen. Das Gerät arbeitet mit dem von Edison entwickelten, 35 mm breiten, perforierten Zelluloidfilm. Im Unterschied zum Kinetoskop, dessen Film vier rechteckige Perforationen pro Bild aufweist, besitzt der Lumière-Film nur eine runde Perforation an jeder Seite eines Filmpositivs. Der Transportmechanismus,

Lumière demonstriert mit diesem Sprung die Schnelligkeit der „Trockenplatte".

das Geschenk einer schlaflosen Nacht, bewirkt eine ruck-
weise Vorwärtsbewegung des Films. Da das Stocken des
Films mit der Öffnung des Verschlusses einhergeht,
kommt es außerdem zu einer vergrößerten Bildprojektion.
Obwohl Louis der alleinige Erfinder ist, unterzeichnen die
beiden Brüder gemeinsam am 13. Februar 1895 den Patent-
antrag. Antoine Lumière, der dem Genie seiner Söhne
vertraut, schlägt dafür den lateinisch klingenden Namen
„Domitor" vor. Louis und Auguste ziehen die dem Griechi-
schen entlehnte Bezeichnung „Cinématographe" vor, ohne
jedoch zu wissen, daß der Begriff bereits von Léon Bouly
und Acmé Le Roy verwendet
worden war.

Louis Lumière steht
1895 nur der von
Charles Moisson ge-
baute Prototyp des Kine-
matographen für seine
Versuche zur Verfügung.
Mit ihm dreht er
*Arbeiter beim Verlassen der
Lumière-Werke (La Sortie
des ouvriers de l'usine
Lumière)*, seinen ersten
Film. Gegen Ende des-
selben Jahres gibt er
dem Ingenieur Jules
Carpentier den Auftrag
zur Konstruktion eines
Serienmodells mit zahl-
reichen Verbesserungen.
Der Film ist mit dersel-
ben Emulsion beschich-
tet wie die Glasplatten
mit „blauem Etikett", die
die außergewöhnliche
photographische Quali-
tät der Lumière-Filme
bewirkt.

Besessen von der Idee des totalen Kinos, träumt Louis Lumière von einem riesigen Kinematographen.

„Der die Erfindung des Kinos leitende Mythos", schreibt der Kritiker André Bazin später, „ist die Verwirklichung einer Idee, die alle im 19. Jahrhundert entstandenen Techniken der mechanischen Reproduktion der Wirklichkeit, von der Photographie bis zum Phonographen, dunkel beherrscht. Es ist der Mythos der puren Realität, eine Neuschöpfung der Welt nach ihrem Bild; einem Bild, auf dem weder die Hypothek der künstlerischen Freiheit der Interpretation noch der Unaufhaltsamkeit der Zeit lasten sollte. Wenn dem Kino nicht bereits zu Beginn alle Attribute des späteren totalen Kinos in die Wiege gelegt waren, so geschah das eher unabsichtlich und lag nur daran, daß seine Feen technisch zu unwissend waren, um es nach ihren Wünschen zu gestalten."

Wie all jene, die zur Zeit der Jahrhundertwende von der Idee des totalen Kinos besessen sind, beschäftigt sich auch der leidenschaftliche Forscher Louis Lumière intensiv mit Arbeiten über die Größe der Projektion, den Ton, die Farbe und die Bildschärfe. Im Vorfeld der Weltausstellung im Jahr 1900 setzt er sich daran, eine Vergrößerung der Filmprojektionsfläche zu erreichen. Die riesigen Ausmaße der Bilder sollen dem Veranstaltungsrahmen und der zu erwartenden Zuschauermenge gerecht werden.

Es ist das erklärte Ziel der Ausstellung, testamentarischer Vollstrecker des vergangenen und Prophet des beginnenden Jahrhunderts zu sein. Dem Kino als Symbol dieser neuen Zeit soll hier ein gebührender Platz eingeräumt werden. Neben den Apparaten und Installationen anderer privater Filmunternehmen stellt der riesige Lumièresche Kinematograph nicht nur einen Meilenstein in der Geschichte des Kinos dar. Er ist zugleich Zeugnis für die persönliche Hingabe seines Erfinders, einer Hingabe, die die Vorläufer in den Hintergrund treten läßt und die Rivalen auf Abstand hält.

Auf der Weltausstellung von 1900 in Paris wird das Kino als ein wichtiger Zweig der Photographie angesehen. Lumière, Pathé, Gaumont, Continsouza, Pirou, Reulos, Lubin und einige andere stellen Apparate, Filme und zahlreiche Ausstattungsstücke aus, während

Fragen über das Filmmaterial, die Bilder und die Perforation des Films im Programm des Internationalen Kongresses für Photographie erörtert werden.

1,5 Millionen Zuschauer nehmen vor der 400 Quadratmeter großen Leinwand Platz.

Das erste Projekt sah eine riesige Leinwand am Eiffelturm vor, das vom Marsfeld und vom Trocadero aus sichtbar sein sollte. Wegen technischer Schwierigkeiten mußte auf dieses Freiluftkino jedoch verzichtet werden. Der riesige Kinematograph wird im Festsaal der aktuellen Ausstellung aufgestellt. In diesem Saal, der 1500 Zuschauern zugleich Platz bietet, werden sonst die Maschinen der letzten Ausstellung von 1889 gezeigt.

Damit die 21 m breite und 18 m hohe Leinwand überhaupt zur glatten Projektionsfläche wird, muß sie zunächst in ein unter dem Parkett eingebautes wassergefülltes Faß gelegt werden und jeden Abend in nassem Zustand mühsam mit mächtigen Seilwinden hochgezogen werden.

Das Programm der Weltausstellung bietet dem Publikum u. a. 15 Kurzfilme und 15 Farbphotographien für eine halbstündige Vorführung. Insgesamt werden im Laufe der Ausstellung 150 verschiedene Filme projiziert. Rechts im Bild ist die Leinwand des riesigen Kinematographen zu erkennen.

Außerdem wird die Leuchtkraft der Projektion durch die feuchte Leinwand verstärkt, die von beiden Seiten aus betrachtet werden kann.

Im Verlauf von sechs Monaten verleihen die 326 Gratis-vorstellungen der jungen Attraktion eine nie dagewesene Wirkung. Obwohl die Qualität der Projektionen zufrieden-stellend ist, wird dieses Ereignis nie wiederholt werden. Das Publikumsinteresse kann jetzt vorausgesetzt werden.

Neue Aufgaben war-ten auf die Erfinder: Räumliche Bild-wirkung und drama-tische Intensität gehören zu den neuen Herausforde-rungen, denen sich die Filmemacher nun verstärkt zuwenden.

Wie die Photo-graphie möchte das Kino die Farben des Lebens zeigen.

Sei es, um ästheti-schen Anforderungen gerecht zu werden, sei es, um die drama-tische Intensität zu

erhöhen, probieren die Filmpioniere verschiedene manuelle oder mechanische Verfahren zur Kolorierung der Filmstreifen aus. Bald haben die Kinobesitzer die Wahl zwischen der Schwarzweißfassung oder der teureren kolorierten Fassung eines Films. Nur die prachtvollsten und wertvollsten Filme, wie Märchen und Trickfilme, werden dieser aufwendigen Kolorierung unterzogen, und manchmal beschränkt sie sich auch nur auf wenige Szenen.

Bei dem ersten Verfahren der Filmkolorierung wird jede Kopie, Bildchen für Bildchen, mit dem Pinsel koloriert. Um den besten Effekt zu erzielen, muß diese Prozedur bereits beim Drehen des Films berücksichtigt werden. Der Hintergrund, die Accessoires, die Kostüme sowie die Maske werden ganz in Grau gehalten, um dem Bild die notwendige Transparenz zu verleihen. Dann werden die Filme in ein Atelier gegeben, das auf

„Ich beschäftigte 200 Arbeiterinnen in mei-nem Atelier. Die Nächte verbrachte ich mit dem Sammeln und Sortieren der Farben. Tagsüber tru-gen die Arbeiterinnen die Farben nach meinen Anweisungen auf. Jede der spezialisierten Arbei-terinnen trug nur eine einzige Farbe auf. Nicht selten waren es über 20 Stück."

Elizabeth Thuillier, Filmkoloristin

das Kolorieren von Photographien und Glasplatten für die Laterna magica spezialisiert ist. Entweder werden die Farben vor dem Auftragen gemischt, oder sie werden auf dem Träger übereinandergelegt. Die unterschiedliche Konsistenz der Farben sowie die Ausführung der Arbeit machen aus jedem mit der Hand kolorierten Film ein Original.

Von 1903/1904 an werden für jede einzelne aufzutragende Farbe Schablonen verwendet, die aus Abzügen des Films angefertigt werden. Mit dieser Technik können Abweichungen der Farbtöne und Konturen vermieden werden. Die Filmproduktionsunternehmen richten eigene Kolorierungsateliers ein, in denen sie mehrere hundert Arbeiterinnen beschäftigen. Erst ab 1906 werden für das Ausschneiden der Schablonen und das

Die von Charles Cros und Louis Ducos du Hauron, später von Gabriel Lippmann und den Brüdern Lumière durchgeführten Forschungsarbeiten über die Farbphotographie beeinflussen auch erste Versuche mit Farbfilmen für das Kino. Im Jahr 1899 drehen die Engländer E. R. Turner und F. M. Lee einen Film mit drei verschiedenen Filtern – rot, blau, grün – und projizieren ihn anschließend mit einem Projektor mit drei Objektiven. Der Filmregisseur G. A. Smith arbeitet mit der Unterstützung von Charles Urban an Forschungen, die 1906 zum ersten kommerziell verwendbaren Verfahren führen, dem Kinemacolor. Kamera und Projektor laufen mit 32 Bildern pro Sekunde doppelt so schnell wie bisher, und die Aufnahmen werden durch rotierende rote und grüne Filter gemacht. Dieses zweifarbige System wird ab 1908 in zahlreichen Ländern Verwendung finden. *Die Hirschkuh im Wald (La Biche aux bois)*, ein Märchenfilm von G. Démeny aus dem Jahr 1896, gehört zu den frühesten kolorierten Filmen (Mitte). Aus dem Film *Die Metamorphosen des Schmetterlings (Les Métamorphoses du papillon)* von G. Velle aus dem Jahr 1904 stammen die beiden kolorierten Ausschnitte (links).

Auftragen der Farben Maschinen verwendet – ein erster
Schritt weg vom handwerklichen und einzigartigen
Charakter des Kinos des 19. Jahrhunderts.

Billigere einfarbige mechanische Verfahren ergänzen
die handwerklichen Methoden. Die Tonung, bei der das
metallische Silber des Bildes durch ein gefärbtes Salz
ersetzt wird, erreicht nur die dunklen Partien, während die
Färbung den gesamten Film koloriert. Auf diese Weise
werden die erzielten Effekte umgehend stilistischen
Kriterien zugeordnet: Blau symbolisiert die Nacht, Gelb
die Sonne, Grün die Natur, Rot eine Feuersbrunst.

Der „Zauberer von Menlo Park" öffnet dem Tonfilm die Tore.

Der von Thomas Alva Edison in seinem Forschungslabor
in Menlo Park 1878 entwickelte Phonograph besteht aus
einer Membrane, die mit einer Stahlnadel versehen ist;
letztere zeichnet die Bewegungen der Membrane, die
durch die Schallwellen entstehen, als Rillenspur in einem
Wachszylinder. Es sollte jedoch noch bis 1889 dauern,
ehe der Apparat kommerziell genutzt werden konnte.

Edison konzipiert sein Kinetoskop wie einen optischen Phonographen. In seiner Vorstellung bleibt die Reproduktion von Bildern, obgleich er sich bald von dieser
ersten Version des Apparats lösen muß, immer mit der
Reproduktion von Klängen verbunden. Einige Szenen werden gleichzeitig für den Phonographen und das Kinetoskop aufgenommen, um dem Publikum im gleichen Eta-
blissement die beiden neuen Attraktionen vorstellen zu
können. Das Repertoire der phonographischen Zylinder
wird eine Inspirationsquelle des frühen Kinos bleiben.

Das Kinetophon, eine Verbindung der beiden
„Edisonschen Wunder" in einem Apparat, inspiriert die

Baron erarbeitet in
seinem Studio in
Asnières ein komplettes,
„hundertprozentiges
Tonfilm-Programm", das
aus Theater-, Gesangs-,
Zirkus- und Varieté-
szenen besteht, die auf
50-Millimeter-Filmen
aufgenommen sind.
Sein System wird aller-
dings bald zu kostspielig
für eine kommerzielle
Nutzung, da es unmög-
lich ist, die Wachswal-
zen zu verdoppeln.

Forschungen des Franzosen Auguste Baron. 1896 läßt er
ein System patentieren, das zur „gleichzeitigen Aufnahme
und Wiedergabe von Bildern und Geräuschen dient".
Über der „Bühne" installierte Mikrophone sind mit einer
unabhängigen Tonkabine verbunden, in der die übertrage-
nen Schwingungen in Wachs geritzt werden. Zur selben
Zeit bewegt ein Motor Kamera und Phonograph im gleichen Rhythmus. 1898 richtet Baron mit Hilfe von Félix
Mesguich in Asnières ein Studio ein, in dem er vier Minuten lange Gesangsfilme dreht. Ohne finanzielle Unterstützung muß er seine Arbeiten jedoch bald einstellen.

**Die Experimente mit dem Tonfilm werden
fortgesetzt, obwohl eine Synchronisation von
Bildvorführung und Tonausstrahlung noch
nicht erreicht ist.**

Im Phono-Kino-Theater, einer kleinen Abteilung der
Weltausstellung von 1900, kann man Sarah Bernhardt
in „Hamlet" nicht nur sehen, sondern auch hören. Dieser Genuß ist das Ergebnis der Zusammenarbeit des ehemaligen Kameramanns der Gebrüder Lumière, Clément-
Maurice, mit dem Phonographen-Hersteller Henri Lioret.
Die Film- und Tonaufnahmen der Schauspieler erfolgen
getrennt. Bei der Wiedergabe dreht der Filmvorführer die

Der Almanach
„Punch" karikiert
1879 die Erfindungen
der Zukunft wie hier
Edisons „Telephono-
skop", mit dessen Hilfe
Großeltern mit ihren
Enkeln in Kontakt
treten können.

Der Phonograph
stößt zwar auf Be-
wunderung, doch sind
die Zuhörer von der Ton-
verzerrung enttäuscht.

Kurbel im Rhythmus der Töne, die er in seinem Hörgerät empfängt. Neben Sarah Bernhardt können die Geschwister Coquelin, Maurice de Féraudy, Réjane, Félicia Mallet und die Tänzerin Cléo de Mérode verpflichtet werden. Im Gewimmel der Weltausstellung hat das Phono-Kino-Theater kaum Zulauf, was Clément-Maurice jedoch nicht davon abhält, im Jahr darauf eine Europatournee anzutreten.

Das „Theatroskop" und das „Phonorama" sind zwei weitere Tonkinos, die auf der „großen Parade" der Jahrhundertwende vorgestellt werden. Für letzteres realisiert Félix Mesguich Szenen aus Paris, untermalt mit Musik, Gesang und Sprache von der Schallplatte.

Lösungen für das Problem der schlechten Tonqualität zeichnen sich allerdings nicht ab. Einerseits sind die Phonographen nicht empfindlich genug für die Aufnahme, so daß sich die Schauspieler in ihrer unmittelbaren Nähe aufhalten müssen, und sie sind nicht leistungsstark genug für die Wiedergabe. Andererseits läßt die Synchronisation bei der Vorführung zu wünschen übrig.

Das Tonkino ist eines der Hauptinteressen des Produzenten Léon Gaumont. Im Jahr 1902 stellt er der Forschungswelt Versuche vor, die in Zusammenarbeit mit dem Ingenieur Georges Laudet entstanden sind und eine kleine Sensation darstellen: Der von den Schauspielern gesprochene Text wird aufgenommen; anschließend spielen sie zum „Playback" der Aufzeichnungen auf dem Zylinder die Szenen mit Gesten und Lippenbewegungen nach. Im Projektionssaal wird der Chronophotograph mit dem Motor des Phonographen betrieben. Viele dieser auf diese Weise produzierten Tonfilme, von *Komm Herzchen (Viens poupoule)* bis *Carmen*, kommen nun regelmäßig in die Kinoprogramme. Obwohl diese Lösung eigentlich eine Sackgasse darstellt, entstehen immer neue Verfahren, die den Phonographen mit dem Kino kombinieren, darunter das 1906 entwickelte Gerät des Berliners Oskar Messter und das Chronophon von Gaumont. Auf der Suche nach einem neuen Weg experimentiert Henri Joly mit der optischen Aufnahme von Tönen. Es mangelt ihm allerdings an Mitteln, um seine Forschungen weiterzuverfolgen. Währenddessen arbeitet Eugène Lauste in den Vereinigten Staaten an der

Der Berliner Oskar Messter konstruierte nicht nur optische Geräte und Kinematographen. Seine Filmproduktion *Messter-Woche* machte als erste deutsche Wochenschau Filmgeschichte, und die von ihm gegründete Messter-Filmgesellschaft ist als eine der Keimzellen der Ufa zu werten.

„Neben dem sehr realen, außerordentlichen Vergnügen, das einem dieses Spektakel bereitet, kommt dem Betrachter unweigerlich der angenehme und tröstliche Gedanke, daß diese schönen Gesten für immer festgehalten sind und daß, wenngleich Talma und Rachel unseren Zeitgenossen nur vom Hörensagen ein Begriff sind, unsere Großneffen die sublime Haltung der Sarah bewundern und die schmetternde Stimme von Coquelin hören und unsere Empfindungen und unseren ästhetischen Genuß abermals erleben werden. Ist dies nicht die Verwirklichung eines schönen Traums, und muß man nicht froh sein, in einem Zeitalter zu leben, in dem solche Hirngespinste wahr werden?"

Le Figaro, 8. Juni 1900

CHRONOMÉGAPHONE . L. GAUMONT & C⁺ᵉ

Entwicklung eines Systems zur optischen Tonaufnahme, das anstelle des Zylinders ein schmales, neben dem Filmstreifen laufendes Band vorsieht.

Klangpulte, Orchester und Conferenciers kommen dem Stummfilm zu Hilfe.

Die traditionelle Technik der Geräuscherzeugung entlehnt das Kino dem Theater. Der Geräuscherzeuger plaziert sich mit einem „Klangpult", auf dem sich die verschiedenartigsten Gegenstände befinden, hinter der Leinwand und verfolgt die Projektion. Mit dem Rieselnlassen von Reis auf eine Zinkplatte imitiert er Hagel, das Schwingen eines Blechs erzeugt Donnergrollen, das Reiben von Metallbürsten oder Rascheln von getrockneten Erbsen imitiert die Brandung des Meeres, das Blasen in ein Lampenglas das Brüllen eines Löwen usw. Alle Phasen der Bewegung eines Zuges, vom Pfiff bei der Abfahrt, über die Dampfstöße, die Beschleunigung, bis zum Bremsen, werden von den entsprechenden Geräuschen begleitet.

Seit den ersten Vorstellungen im Grand Café werden die Filmprojektionen von einem Klavier begleitet, um das Geräusch des Vorführgerätes zu überdecken und die Wirkung des Films zu untermalen. Wenn das Kino in einem Theater, einem Varieté oder einem Café gastiert, wird der Pianist des Hauses hinzugezogen, um die Vorstellung zu untermalen und die kurzen Pausen zu gestalten. Die allerersten Kinoorchester halten sich aber auch nicht selten außerhalb des Saals auf, um Publikum anzulocken.

Diese Photomontagen zeigen den Toningenieur Eugène Lauste, der im Jahr 1887 seine Forschungen bei Edison aufgenommen hatte.

„Die klassische Apparatur ist die mehr oder weniger schnell bewegte Tonplatte. Ihre Installation ist einfach und wenig kostspielig und führt zu befriedigenden Ergebnissen, wenn die Metallplatte nicht von allzu einfacher Qualität ist, da der Klang sonst kreischend und schrill wird."
G. Moynet, *Trucs et décors (Tricks und Dekor)*

Gaston Paulin komponierte für die Begleitung der Pantomimen Emil Reynauds eine Partitur, die von 1892 an im Museum Grévin gespielt wurde. Diese kann zwar als Vorläufer der originalen Filmmusik gelten, doch improvisieren die Kinomusiker zumeist oder zitieren berühmte Weisen, moderne Chansons oder einzelne Sätze klassischer Werke.

Der Auftritt eines Conferenciers, der das Verständnis des Stücks erleichtert und die Vorstellung begleitet, ist den Vorführungen der Laterna magica entlehnt. Abgelöst wird diese Funktion durch das Aufkommen der Zwischentitel. So gibt es nicht nur einen Vorspann, der den Filmtitel und Produzenten nennt (während Regisseur, Schauspieler und Techniker noch lange Zeit anonym bleiben), sondern auch einzelne Tafeln aus Karton, die den Film unterbrechen, um den Inhalt der folgenden Filmsequenz oder eine entscheidende Wendung anzukündigen.

Die von der Ausstattung der Räumlichkeiten abhängige klangliche und musikalische Begleitung ist für Kinovorstellungen bei weitem noch nicht Standard. Bisweilen ist es sogar gerade die Stummheit der Bilder, die den einen oder anderen Zuschauer fesselt. So erinnert sich Ferdinand Céline an seinen ersten Kinobesuch im Alter von sieben Jahren: „Man blieb drei Vorstellungen lang sitzen. Zum gleichen Preis, ein Franc auf allen Plätzen, gab es hundertprozentige Stille, ohne Worte, ohne Musik, ohne Buchstaben, nur das Schnurren der Kurbel. Man kam immer wieder, denn alles ermüdet, alles, außer Schlafen und Träumen. Noch einmal die *Reise zum Mond* ... Ich kenne sie heute noch auswendig."

Die Jahrmarktsbuden mit ihrem überladenen Jugendstildekor und ihrer oft üppigen Beleuchtung zählen zu den ersten Veranstaltungsplätzen des Kinos. Neben der Kasse steht die bemalte und geschnitzte Orgel, der Stolz des Hauses. Sie ist der Vorläufer der Kinoorgel, die in England ab 1906 aufkommt. Das vom Marktschreier und seinem Personal inszenierte Possenspiel aber ist es, das die Zuschauer besonders anzieht und den Weg in die Welt der Fiktion ebnet.

DRITTES KAPITEL

KÜHNE FILMREGISSEURE

Die kinematographische Produktion läßt sich bald in klar definierte Genres wie Aktualitätenfilme, Historienfilme, Komödien, Dramen, Märchen, Trickfilme, Zoten und religiöse Nacherzählungen einteilen. Währenddessen experimentieren phantasievolle Köpfe mit dieser noch in den Kinderschuhen steckenden neuen Kunstrichtung.

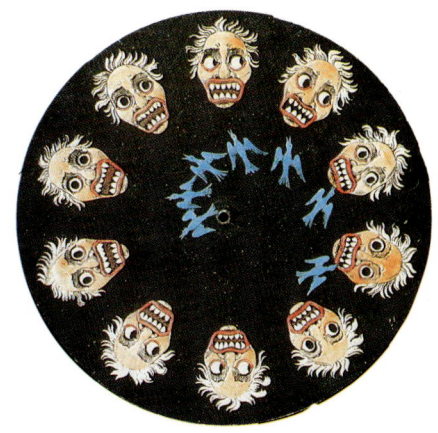

Die magische Kraft des „lebenden Bildes" ist es, die das Publikum anzieht – von den drehenden Scheiben des Phenakistiskops (rechts) bis zu den aus Georges Méliès' *Höllenkessel* entspringenden Gespenstern (links).

Bereits seit einem Jahrhundert wird an Spezialeffekten für Filmprojektionen getüftelt.

War die Laterna magica in erster Linie ein Vergnügen der vornehmen Salongesellschaften, wird sie durch feste Aufführungsplätze bald auch für ein größeres Publikum zugänglich. Nicht zuletzt ist es die intensive Wirkung eines projizierten Bildes, die, pädagogisch genutzt, zur Verbindung der Laterna magica mit der Volksbildungsbewegung in der zweiten Hälfte des 19. Jahrhunderts führt. Auch das Theater bedient sich der magischen Möglichkeiten dieser Kunstform. Durch die Entwicklung starker künstlicher Lichtquellen erweitert ihre Kombination mit Spiegeln und Drehscheiben die Möglichkeiten der Bühnenmalerei. Die mit mehreren Objektiven arbeitenden Geräte können Bewegungen oder Überblendungen wiedergeben.

Schausteller, die häufig als Veranstalter für das Kino auftreten, tragen selbst zum Untergang ihrer Kunst bei.

Zaubervorstellungen mit Projektionen, Automaten und verschiedenartigstem Einsatz von Elektrizität nehmen bereits Elemente des kinematographischen Spektakels vorweg, und die Bande zwischen Illusionskunst und Kino werden gegen Ende des Jahrhunderts noch enger. Sehr früh schon kündigen das Theater Robert-Houdin in Paris und die Egyptian Hall in London – die berühmtesten Theater ihrer Gattung – „lebende Photographien" an. Unter den

Zum Repertoire F. Treweys zählen die Silhouetten von Thiers, Alexander III. und Bismarck.

Der italienische Künstler Fregoli ist einer der ersten, dem die Gebrüder Lumière bereitwillig einen Kinematographen verkaufen. Nachdem er einige Monate lang in den Betrieben von Monplaisir in die Technik des Films eingeführt wurde, filmt er sich selbst bei seinen Auftritten und verkauft die Filmrollen anschließend.

Auch Röntgenstrahlen dienten dem unterhaltsamen Spektakel.

Pionieren des Kinos findet sich eine beträchtliche Zahl von Illusionskünstlern.

Félicien Trewey, einer der großen Verwandlungskünstler, ist Schattenspieler. Er bildet mit seinen beweglichen Fingern Schatten, die bestimmte Personen darstellen, und spielt kleine Einakter. Trewey ist ein Freund Antoine Lumières, der ihm die Erfindung seiner Söhne für Aufführungen in England anvertraut. Vom 20. Februar 1896 an veranstaltet er dort die ersten öffentlichen Vorstellungen in der Royal Polytechnical Institution. Bald zieht er in das Empire Theatre um und beginnt, Filme zu drehen. Schließlich kehrt er in seinen alten Beruf zurück, weil die Konkurrenz zu groß wird.

Carl Hertz, ein amerikanischer Verwandlungskünstler, beschafft sich in London bei Robert William Paul das Wunder der Saison. Auf seiner Schiffsfahrt nach Südafrika veranstaltet er an Bord die erste auf einem Schiff organisierte Kinovorstellung. Obwohl er die Anwendung des Projektors an nur einem Abend erlernt hat und lediglich einige Filme besitzt, folgen triumphale Premieren in Südafrika, Australien, Burma und Indien.

Unter den Illusionskünstlern ist es Mode, den von ihnen verwendeten Apparat mit einem von ihrem eigenen Namen inspirierten Begriff zu benennen. So heißt Phillip Andersons Gerät Andersonoskopograph, Emile und Vincent Isola nennen den ihren Isolatograph, und Leopoldo Fregolis Apparat trägt den Namen Fregoligraph. Für viele Zauberkünstler stellt das Kino letztlich allerdings eher eine bedrohliche Konkurrenz dar.

Der Künstler David Devant projiziert mit dem Animatographen von R. W. Paul bewegliche Photographien auf die Bühne der Egyptian Hall in London und wird dabei von Paul gefilmt.

Laterna magica

Die bereits in A. Kirchers Traktat „Ars Magna Lucis et Ombrae" von 1671 beschriebene Laterna magica ist nach einer Definition des 18. Jahrhunderts „ein kleines Hilfsmittel, das dazu dient, auf einer weißen Wand Gespenster und schreckliche Ungeheuer sichtbar zu machen, was jenen, die das Geheimnis nicht kennen, wie Zauberei vorkommt". Zwar erschreckt Robertson die Pariser im Jahr 1797 mit seinen Phantasmagorien, in denen Teufel und Skelette erscheinen und im Raum umherfliegen, aber die bemalten Glasplatten behandeln auch heitere Themen aus allen möglichen Bereichen.

XI/1

② ③ ④

Leuchtende Unterhaltung

Das auf Straßen und Märkten aufgestellte Guckkastentheater gehört zu einer dem Kino vorausgehenden Aufführungstradition des 18. und 19. Jahrhunderts. Mit gezogenen Fäden bewegt der Guckkästner Szenen, die nur durch Kerzenschein beleuchtet werden. Gegen Ende des 19. Jahrhunderts sind die Platten der Laterna magica nicht immer von Hand bemalt; sie können auch mit Chromolithographien oder Photographien bedruckt sein. Die Vorstellungen im Kabarett „Chat Noir" am Montmartre führen zum Aufleben des Schattentheaters (unten). Die Projektion von Silhouetten, die aus Zinkblech ausgeschnitten sind, wird mit Farbe sowie unterschiedlich starkem Licht und Schatten gestaltet.

Die Leidenschaft für die Zauberei führt den jungen, aus bürgerlichem Milieu stammenden Künstler Georges Méliès zur Avantgarde des Kinos.

„An einem Abend des Jahres 1931", schreibt Georges Sadoul, „verließ der alte, verarmte Georges Méliès seinen

„Georges Méliès hatte die handwerkliche Geschicklichkeit von seinem Vater geerbt. Vor allem aber war er künstlerisch und schöpferisch tätig. (...) Stets lebte er in großem Stil, führte ein offenes Haus mit Auto, Kutscher, Personal, einem Besitz in Montreuil und einem in Paris. Er hat für das Kino seinen letzten Pfennig gegeben, während andere Produzenten sich daran bereichert haben. Die erste Boutique, die sich meine Großeltern am Bahnhof Montparnasse leisten konnten, befand sich in einer zugigen Ecke..."

M. Malthête-Méliès

Spielzeugladen und zog seinen besten Mantel an, um an einem Bankett für 300 Gäste teilzunehmen. Beim Dessert umarmte ihn der Industrielle und Angehörige des Instituts Louis Lumière, steckte ihm das kleine Kreuz der Ehrenlegion an und sagte: ‚In Ihnen begrüße ich den Schöpfer des Kinos!' "

Rückblick: Im Jahr 1888 steht das Theater Robert-Houdin zum Verkauf. Der 27jährige Georges Méliès erwirbt diesen ehrenwerten Ort der Magie, der noch immer vom Ruhm seines Gründers Robert Houdin zeugt. Der junge Mann, der sich für die Zauberei und das Zeichnen begeistert, inszeniert auf der kleinen Bühne Stücke und Sketche, in denen sich Zauberei, Phantasie, Illusion und Possenspiel vereinen. In den von ihm selbst geschaffenen Automaten, Bühnenaufbauten und Kulissen tummeln sich bereits die verrückten Erfinder, die sich in den Filmen des Verwandlungskünstlers wiederfinden werden. Von April 1896 an führt Méliès bei seinen Vorstellungen mit einem sogenannten Kinetographen

unbekannter Herkunft Projektionen
von „bewegten Photographien" vor.
Zu Beginn zeigt er Filme von Edisons
Kinetoskop, später folgen selbstge-
drehte Filme in reinstem Lumière-Stil.

**Als Georges Méliès beginnt, Filme zu
drehen, macht er mit der Kamera eine
unerwartete Entdeckung.**

Eines Tages klemmt bei Dreharbeiten
am Place de l'Opéra der Film in der
Kamera. Méliès legt ihn neu ein und
dreht weiter. Später entdeckt er beim
Betrachten des Films zu seiner großen
Überraschung, wie sich der Omnibus
Madeleine-Bastille in einen Leichen-
wagen verwandelt und wie sich Männer
in Frauen verwandeln. Dieses bedeu-

tungsvolle, wenngleich nicht unbedingt authentische Er-
eignis, durch das er den „Stoptrick" entdeckt, steht für die
Verschmelzung von Zauberei und Kino in seinem Werk.
In seinem Film *Verwandlung einer Dame bei Robert-Houdin
(Escamotage d'une dame chez Robert-Houdin)* aus dem

*Die phantastischen
Verwandlungen
(Les Illusions fantaisistes,
1909)* zeigt das rätsel-
hafte Verschwinden von
Personen.

Jahr 1896 verwendet er diesen Trick
zum ersten Mal. Es ist die klassische
Nummer der Zauberkünstler seiner
Zeit. Er benötigt keine Falltür, keinen
Balken und keine unsichtbaren Fäden –
es genügt, die Kurbel in dem Moment
anzuhalten, wenn die Dame aussteigt ...
Es ist so einfach, daß er die Effekte bald
variiert. Mal ersetzt ein Skelett die auf dem
Stuhl sitzende Dame, die, nach nochmaligem
Anhalten des Films, auf scheinbar wundersame
Weise wieder erscheint.

Voller Enthusiasmus läßt Georges Méliès im
Jahr 1897 ein „Posierstudio" im Garten seiner Villa
in Montreuil-sous-Bois einrichten. Das Studio besteht aus einem gläsernen Schuppen, in dem sich eine
Bühne befindet, die die gleiche Technik wie die Bühne
des Theaters Robert-Houdin besitzt. Hier entstehen
*Aschenbrödel (Cendrillon), Das Einmann-Orchester
(L'Homme orchestre), Blaubart (Barbe-Bleue), Der Vulkanausbruch auf Martinique (L'Éruption volcanique à Martinique), Die Reise zum Mond (Le voyage dans la lune), Die
Krönung Edwards VII. (Le couronnement d'Edouard VII.),*

Phoebe und Saturn in der *Reise zum Mond.*

Die 400 Streiche des Teufels (Les quatre cents farces du diable) und viele andere Filme. Die über 500 Filme werden von 1896 bis 1913 von seiner Star-Film-Gesellschaft produziert, ohne daß der Meister seine Tätigkeit als Zauberer und Direktor des Robert-Houdin-Theaters aufgibt.

Einfallsreichtum und geschickte Trickaufnahmen zeichnen den „Magier von Montreuil" aus.

Der „Magier von Montreuil" ist in allen Gattungen tätig: nachgestellte Aktualitäten, Historienfilme, Drama oder Komödie. Der von ihm selbst so bezeichnete „Méliès-Stil" tritt besonders in seinen Märchenfilmen zutage, die von Operetten und Theaterstücken des Châtelet beeinflußt sind. Der spätere Spielwarenhändler vom Bahnhof Montparnasse ist ein ernsthafter Künstler, der vor Drehbeginn alle Kameraeinstellungen minutiös plant, zeichnet und sie anschließend sogar selbst spielt. Méliès' Welt zeichnet sich durch ihre besondere Ästhetik und Thematik aus, insbesondere aber durch ihre Tricktechnik, die er zwar nicht selbst erfunden, aber meisterhaft angewandt hat. Neben dem „Stoptrick" verwendet Méliès das aus der Photographie bekannte Verfahren der Überblendung. Er spart in der Kulisse eine schwarze Fläche aus, die er ein zweites Mal belichtet, indem er eine Abdeckung mit einer Öffnung vor dem Objektiv anbringt. Die Proportionen verändert er durch das Einfügen eines in anderem Maßstab gefilmten Elements oder indem er den Gegenstand auf die Kamera zu oder von ihr fort bewegt. Dank seiner Präzision als Illusionskünstler kann er beliebig viele Überblendungen in eine einzige Sequenz einfügen.

F ür die Vergrößerung seines Kopfes (links unten) in *Der Mann mit dem Gummikopf (L'Homme à la tête de caoutchouc, 1902)* begibt sich Méliès in einen mit schwarzem Samt ausgeschlagenen Kasten, der sich vor einem schwarzen Hintergrund befindet. Auf abschüssigen Schienen bewegt sich der Kasten vorwärts, wobei die Halslinie stets in Höhe der Tischkante bleibt.

W erbeplakate werden scheinbar lebendig. In *Beschwipste Plakate (Les affiches en goguette, 1906)* wird die städtische Polizei aufs Korn genommen.

Kinofilme fürs Varieté

Der Film *Paris – Monte Carlo in zwei Stunden* wurde von Méliès im Jahr 1905 im Auftrag der Folies-Bergère gedreht. Aus diesem Grund treten hier zahlreiche Künstler des berühmten Varietés auf, darunter Fernande Albany, der Riese Antoni, der Zwerg Little Tich, der Sänger Fragson, der Schauspieler Galipaux sowie Victor de Cottens, der Direktor des Hauses. Inhaltlich greift der Film ein Thema auf, das den Alltag ebenso revolutioniert wie die bewegten Bilder selbst: das Automobil. Der Handlungsstrang ist simpel. Der für seine Autounfälle berüchtigte belgische König Leopold II. geht eine Wette ein, die Strecke Paris-Monte Carlo mit dem Automobil in zwei Stunden zurückzulegen und kommt dort nach einigen unerwarteten Ereignissen an. Die vier nebenstehenden Ausschnitte stammen aus einer zeitgenössischen Farbkopie des Films. Sie zeigen folgende Szenen: König Leopold bei der Abfahrt vor der Oper (links oben), eine rasante Abfahrt (links unten), das Erklimmen der Alpen im Automobil (rechts oben) und die Ankunft der Reisenden in Dijon.

Das Reich der Feen

Der 1903 gedrehte Film *Das Reich der Feen (Le Royaume des fées)* ist von der französischen Fassung des Märchens von Dornröschen mit dem Titel „Die schlafende Schöne im Wald" (La Belle au bois dormant) inspiriert. Es ist Méliès' erster über 300 m langer Film, was einer Projektionsdauer von einer Viertelstunde entspricht.

Prinzessin Azurine wird in Anwesenheit der Feen mit Prinz Bel Azor verlobt. Es wurde jedoch vergessen, eine Zauberin einzuladen. Aus Rache läßt diese nun die Prinzessin entführen. Bel Azor, der sich auf die Suche nach ihr macht, erleidet Schiffbruch und findet sich im Reich Neptuns wieder. Es gelingt ihm, die Zauberin zu töten und Azurine zu befreien. Kurz darauf heiraten beide.

Der von Georges Méliès und Bleuette Bernon inszenierte Film *Das Reich der Feen* weist ein für das damalige Werk des Regisseurs seltenes Merkmal auf: Er enthält eine im Freien, genauer gesagt in den Gärten von Montreuil, gedrehte Szene mit einem lebendigen Pferd.

Der Kopiertrick, der Stoptrick und ein schwarzer Hintergrund sind die Instrumente für den Film *Der Kopfmensch* (*L'Homme de tête, 1898*), in dem zum ersten Mal im Werk Georges Méliès' das Thema Enthauptung erscheint.

Im *Einmann-Orchester (L'Homme orchestre)* spielen sieben Kopien von Georges Méliès gleichzeitig auf sieben verschiedenen Instrumenten. Die „dissolving views" der Laterna magica regen ihn zur Überblendung von Szenarien an, die durch Öffnen und Schließen der Blende erreicht werden. Verschiedene Trickeffekte werden direkt beim Drehen erzielt und anschließend durch Schnitte und Montagen der Negative eingerichtet.

Trotz dieser spezifisch kinematographischen Verfahrensweise verliert Méliès die für das Theater üblichen Tricks wie Falltüren, Gliederpuppen, Feuerwerk, perspektivische Bühnenmalerei, Kulissen, Gleise, Winden und Seile nicht aus den Augen.

Die Kunst der Kinematographie entwickelt sich bald weg vom Stil des weltberühmten Méliès.

Im Jahr 1902 dreht Georges Méliès die von Jules Verne und H. G. Wells beeinflußte *Reise zum Mond (Le voyage dans la lune)*, eine Mischung aus Phantasterei, Varieté und Ulk. Der ungewöhnlich lange und kostspielige Film hat in Frankreich, Großbritannien und den Vereinigten Staaten, wo er schamlos kopiert wird, einen ungeheuren Erfolg.

Für die glanzvolle Karriere Georges Méliès' bringt das Jahr 1906 einen Wendepunkt. Die Publikumserwartung beginnt sich zu wandeln. Anstelle phantasievoller Bilderwelten sind nun komische Ereignisse und realistische

Die neunte Szene der *Reise zum Mond* trägt den Titel „Mitten ins Auge" („En plein dans l'œil"), in der der Mond weint, weil das Raumschiff ausgerechnet in seinem Auge landet.

Dramen gefragt.
Méliès nimmt mit
seiner Vorstellung
vom Kino eine den
anderen zeitgenössi-
schen Regisseuren entge-
gengesetzte Position ein. Er arbeitet nicht mit Nahaufnahmen, sondern vor allem mit der Totalen und einer fest montierten Kamera; die Schnittechnik steht eher im Dienste
der Tricktechnik als im Dienste der Erzählung; außerdem
hat er eine Vorliebe für das Drehen im Atelier. Der Schöpfer des Kinos bleibt ein Mann der Bühne. Er weigert sich,
Zugeständnisse an eine Entwicklung zu machen, die er
mißbilligt.

Emile Reynaud, der Pionier des Zeichentrickfilms

Der Photograph und Filmvorführer Emile Reynaud gehört
zu den experimentierfreudigen Naturwissenschaftlern und
leidenschaftlichen Pädagogen, die kein Mittel auslassen, das
der anschaulichen Vermittlung von Wissen dienen könnte.
Nicht umsonst war er selbst Schüler von Abbé Moigno,
dem Wegbereiter des von Projektionen unterstützten
Unterrichts. Kurz bevor er selbst eine Stelle als Lehrer für
Naturwissenschaften in Puy-en-Velay annimmt, also Jahre

Die Reise zum Mond,
ein Film in 30 Sze-
narien mit einer Dauer
von 13 Minuten, macht
Méliès in der ganzen
Welt bekannt.
Sechs Wissenschaftler,
Mitglieder des Astrono-
men-Clubs, brechen in
einer riesigen Granate
zum Mond auf. Sie
werden von Mondmen-
schen, den Seleniten,
gefangengenommen,
aber es gelingt ihnen
knapp, in ihrer Granate
zu fliehen. Nach einer
Notlandung im Meer
werden die Astronomen
von einem Schiff geret-
tet. Zu Hause angekom-
men, erwartet sie ein
triumphaler Empfang.

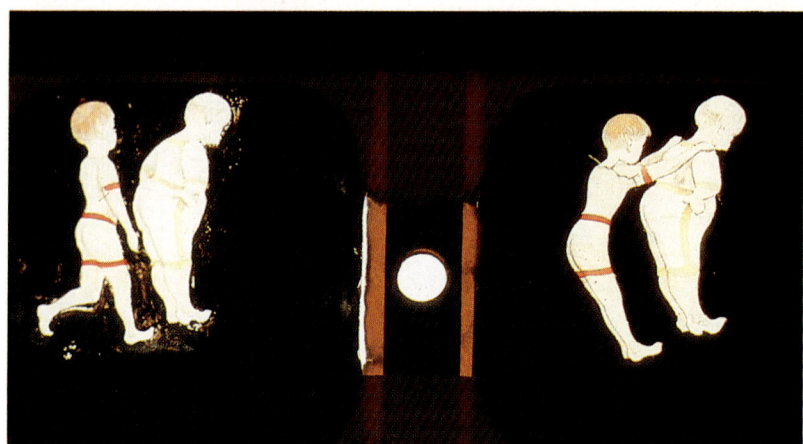

vor der Geburtsstunde des Kinos im Grand Café, entdeckt er das Phenakistiskop für Unterrichtszwecke. Dieses von Joseph Plateau entwickelte „wissenschaftliche Spielzeug" kann zum Vergnügen der Kinder Bewegung wiedergeben. Reynaud hat die Idee, die Spalten der Scheibe durch Spiegel zu ersetzen, um die Leuchtkraft zu verstärken. Sein 1877 patentiertes Praxinoskop ist eine neue Etappe in der Entwicklung der Kinematographie. Die Bildstreifen zeichnet er mit unendlicher Sorgfalt selbst, und er organisiert auch den Vertrieb seines Apparats, der sogleich Erfolg hat. Er perfektioniert ihn mit der Entwicklung eines Theater-Praxinoskops sowie eines Projektions-Praxinoskops, das mit einer Laterna magica gekoppelt ist.

Von 1892 bis 1900 sehen Hunderttausende von Zuschauern die Lichtpantomimen im Museum Grévin.

Die Forschungen Reynauds konzentrieren sich auf den Bildträger und führen ihn schließlich fast bis zur Erfindung des Films. Im Jahr 1889 ist sein Optisches Theater fertig. Es funktioniert wie das Projektions-Praxinoskop, allerdings verwendet er einen Filmstreifen beliebiger Länge, der auf einer Spule aufgerollt ist und von einem Getriebe, das in die Perforationen eingreift, vorwärts bewegt wird. Drei Jahre arbeitet er an den ersten drei Streifen. Bild für Bild malt er auf den Gelatineträger die leuchtenden Pantomimen von *Ein gutes Bier (Un*

Zu Beginn der Lichtpantomime *An einer Badekabine* von Reynaud springt ein Badender über die Schultern eines dickbäuchigen Mannes. Auf der Leinwand des Optischen Theaters erscheint eine Szene des *Armen Pierrot*, einer zehnminütigen Pantomime (rechts), deren 36 m langer Filmstreifen 500 Bilder umfaßt.

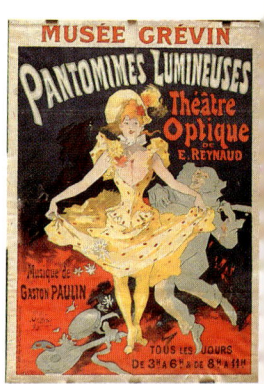

bon bock), *Der Clown und seine Hunde (Le Clown et ses chiens)* und *Der arme Pierrot (Pauvre Pierrot)*. Das Optische Theater ist längst nicht nur ein Spielzeug für den Hausgebrauch. Von 1892 an zieht dieses aufregende Spektakel Massen von Zuschauern ins Museum Grévin.

Die aufwendig hergestellten Miniaturbilder erweisen sich als äußerst empfindlich: Die Gelatine wird rissig, Hitze verändert die Farben, und die Perforationen reißen. Aus diesem Grunde werden die Vorstellungen für ein knappes Jahr unterbrochen. Während dieser Zeit arbeitet Emile

„20 Figürchen, die die zerlegte Bewegung einer einzigen Figur darstellen, werden von einem vor ihnen liegenden Spiegel reflektiert. (…) Jede kleine Figur profitiert von den 19 anderen. Sie dreht sich im Kreis und wird durch ihre Schnelligkeit unsichtbar. In dem durch das Drehfenster sichtbaren Spiegel ist sie unbeweglich und vollführt an ihrem Platz die Bewegungen der anderen 20 Figuren."
Charles Baudelaire

Reynaud an zwei neuen Streifen: *Traum am Lagerfeuer (Un rêve au coin du feu)* und *An einer Badekabine (Autour d'une cabine)*. Nur wenige Monate vor den bahnbrechenden Vorstellungen im Pariser Grand Café zeichnet und koloriert er allein für diesen jüngsten „Film" 636 Bilder …

„Der arme Pierrot"

Emile Reynauds Geschichte hat ein sehr trauriges Ende. Das Kinetoskop und der Kinematograph, zwei zweifelhafte Konkurrenten, zwingen ihn, seine liebevoll angefertigten Zeichnungen durch gefilmte und nachträglich kolorierte Bilder zu ersetzen, ein langwieriges und kompliziertes Verfahren. Auf diese Weise kann er nur zwei Filme vollenden: *Wilhelm Tell (Guillaume Tell)* wird von den Clowns Foottit und Chocolat gespielt, *Die erste Zigarre (Le premier cigare)*

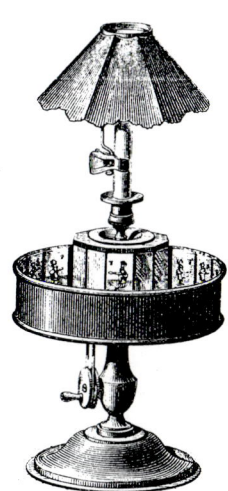

Die vom Praxinoskop wiederhergestellte Bewegung hat die Dauer einer einzigen Zylinderumdrehung und wiederholt sich beliebig lange.

von Félix Galipaux. Im Jahr 1900 verdrängen die Aktualitätenfilme die Leuchtenden Pantomimen von der Bühne des Museum Grévin. Verzweifelt, arm und krank wirft er einige Jahre später die gezeichneten Filmstreifen des Optischen Theaters in die Seine, bevor er 1918 unbeachtet in einem Altersheim stirbt.

Frühe Meister des Zeichentrickfilms

Durch Veränderung der Anordnung einer Szene zwischen zwei Bildern lassen sich ungeahnte Effekte erzielen. Die ersten Kameras drehen in der Regel acht Bilder pro Umdrehung der Kurbel. Für dieses Verfahren ist äußerste Präzision erforderlich. Kameraleute beginnen bald, an ihren Apparaten herumzubasteln, bis diese mit einer Kurbelumdrehung ein einziges Bild aufnehmen: „one turn, one picture". Bis zum Beginn des Ersten Weltkriegs wird sie für die „amerikanische Bewegung" stehen, die von Blackton seit 1898 entwickelt wurde.

Der in die Vereinigten Staaten emigrierte Engländer James Stuart Blackton ist Journalist und Zeichner bei der New Yorker „Evening World". Er erhält den Auftrag, Edison, den Erfinder des Vitaskops, zu interviewen. Edison lädt ihn ein, ihn im Studio vor der Kamera zu porträtieren. Auf diese Weise gelangt der junge Mann 1896 zufällig zum Kino. Bald gründet er mit Albert E. Smith die Produktionsfirma Vitagraph, die eine der bedeutendsten ihrer Epoche sein wird. Warum sollten nicht anstelle realer Gegenstände Zeichnungen zum Leben erweckt werden? 1906 greift er für den Film *Humorous phases of funny faces*

In *El Hotel electrico (Das elektrische Hotel)* von Segundo de Chomon werden wie von Geisterhand Haare gekämmt und Schuhe poliert. Der Film wird gemeinhin auf 1905 datiert. Vielleicht ist er aber doch später entstanden und von einem ähnlichen Film Blacktons, *The Haunted Hotel*, aus dem Jahr 1907 inspiriert worden.

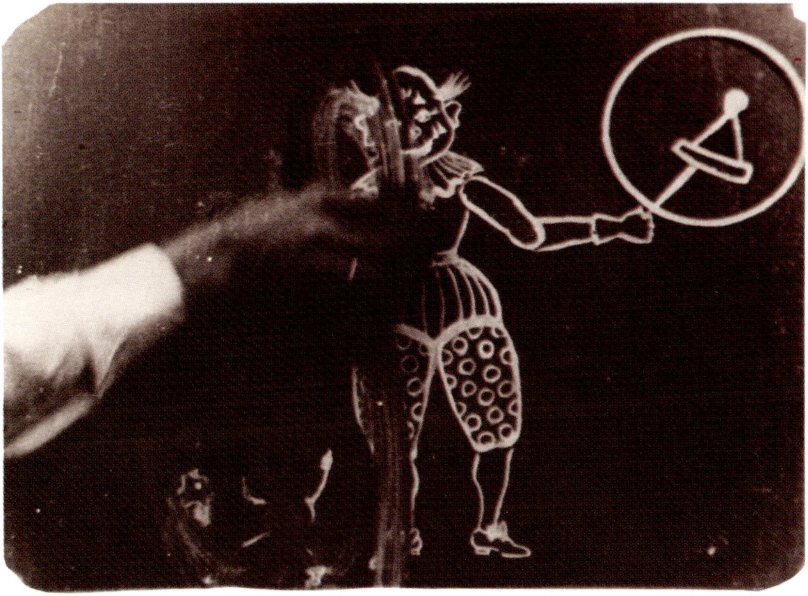

(Witzige Momente merkwürdiger Mienen) vor der Kamera wieder zum Zeichenstift.

Eine Hand zeichnet die Gesichter eines Mannes und einer Frau an eine Tafel. Als sich die Hand zurückzieht, rollen die Gesichter mit den Augen und besitzen ein eigenes Leben. Die Hand wischt die unheimlichen Figuren ab, um die Leinwand für andere Szenen frei zu machen.

Ungefähr im Jahr 1902 richtet Segundo de Chomon in Barcelona das erste spanische Filmkolorierungsatelier ein und versucht sich auch im Filmemachen. Als er 1905 bei Pathé zu Gast ist, der ihn zum Arbeiten in die Studios von Vincennes eingeladen hatte, konstruiert er eine Kamera, die speziell für Trickaufnahmen geeignet ist. In einem gläsernen Schuppen baut er sie auf einem Gerüst auf, so daß er die auf einer Bühne liegenden Zeichnungen von oben filmen kann; der „Tricktisch" ist geboren. Die Trickfilmsequenzen der Filme *Das elektrische Theater des kleinen Bob (Théâtre électrique du petit Bob)* und *Die magnetische Küche (La Cuisine magnétique)*, die auf die Art und Weise entstanden sind, erfordern viele Arbeitsstunden. Schließlich zeichnen sich Chomons

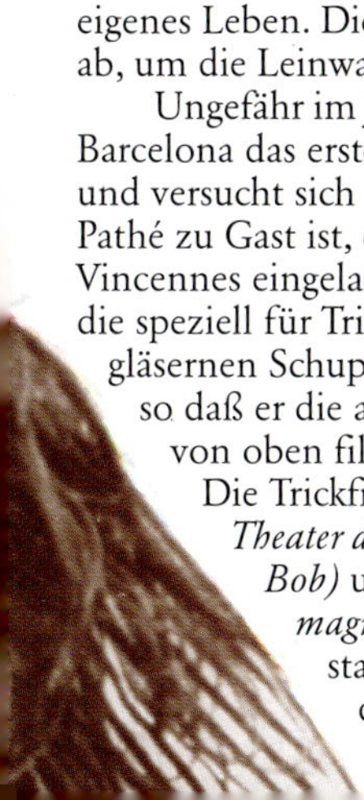

In *Humorous phases of funny faces* reiht Blackton visuelle Effekte aneinander, ohne sie in einen narrativen Zusammenhang zu bringen. 1909 gibt er seine Experimentalfilme auf, bleibt aber einer der Pioniere des Trickfilms.

Das Frühstück des Gelehrten (Le Déjeuner du savant) von Pathé (1905) ist eine Parodie auf die ersten wissenschaftlichen Filme. Er zeigt abwechselnd die Gesamtansicht eines Mannes in seinem Laboratorium und die wenig appetitliche Nahaufnahme seines Frühstücks.

Trickfilme durch ihre perfekte Inszenierung aus. Nicht umsonst gilt der Experte für Spezialeffekte als einer der geschicktesten Kameraleute seiner Zeit.

Die chirurgischen Filme des Doktor Doyen

Trotz aller spielerischen Experimentierfreudigkeit der Filmpioniere darf nicht vergessen werden, daß es nicht zuletzt Fortschritte der wissenschaftlichen Forschung des 19. Jahrhunderts waren, die Wegbereiter für die Erfindung des Kinos waren. Das Studium der Netzhaut, die Erforschung astronomischer Phänomene, die Entdeckung von Bewegungsabläufen bei Mensch und Tier beschleunigten die Suche nach neuen Aufnahmeverfahren. So betrachtet ist das *Bad einer Pariserin (Le Bain de la Parisienne)* ein Nachfahre der Bewegungsstudien von Muybridge.

Der angesehene französische Chirurg Dr. Eugène-Louis Doyen beauftragt Clément-Maurice, den ehemaligen Kameramann des Hauses Lumière, einige Operationen in seiner Pariser Klinik zu filmen. Zum einen möchte er seine Methoden in der medizinischen Welt bekannt machen, zum anderen will er das Material seinen Studenten als Anschauungsunterricht zeigen. Nachdem die technischen Schwierigkeiten, die das Drehen einer langen Sequenz in einem mäßig hellen Raum mit sich bringen, überwunden sind, werden die Filme auf einem medizinischen Kongreß in Edinburgh im Jahr 1898 vorgestellt. Aber die französi-

„Ist es andererseits so bedauernswert, daß sich das nichtmedizinische Publikum in einer Zeit, in der alle Klassen der Gesellschaft die Fortschritte der Chirurgie mit gespannter Neugierde und bisweilen gar Leidenschaft verfolgen, anstatt unzureichender Beschreibungen eine genauere Vorstellung von dem verschaffen kann, was eine gelungene Operation ist?"
    Eugène-Louis Doyen

schen Mediziner wenden sich gegen diese Neuerung und
hindern den Chirurgen daran, die Filme öffentlich zu
zeigen. 1902 läßt Doyen einen aufsehenerregenden Ein-
griff filmen: die Trennung der siamesischen Zwillings-
schwestern Radica und Doodica. Dieser Film wird auf
Volksfesten gezeigt. Obwohl Doyen die Vorführung
derartiger Filme vor einem großen Publikum grundsätz-
lich befürwortet, mißbilligt er eine solche kommerzielle
Verwertung. Zufällig entdeckt er, daß sein Assistent
Parnaland von seinen Filmen zahlreiche Kopien anfertigt
und sie an Jahrmarktkinos verkauft. Er geht vor Gericht
und gewinnt den Prozeß. Dies ist die erste vor Gericht
geklärte Kinoaffäre.

Seit den lehrreichen Projektionen der Laterna magica
scheint das Kino inzwischen für einen Einsatz im Dienst
der Wissenschaft geeignet zu sein. Als die Kameraleute
die Erforschung der Kleinstlebewesen als neues Betäti-
gungsfeld entdecken, wird die Kamera gar zum kollektiven
Mikroskop. Mit dem Filmen von Insekten und Mikro-
organismen trägt der wissenschaftliche Film dazu bei, aus
der Nahaufnahme ein charakteristisches Element der
kinematographischen Sprache zu machen.

Auf den Volksfesten
konkurriert das Kino
mit den „anatomischen
Museen". So wird die
reale Präsentation des
Rumpfmenschen Kobel-
koff (oben) durch die
Projektion des Kine-
matographen ersetzt.

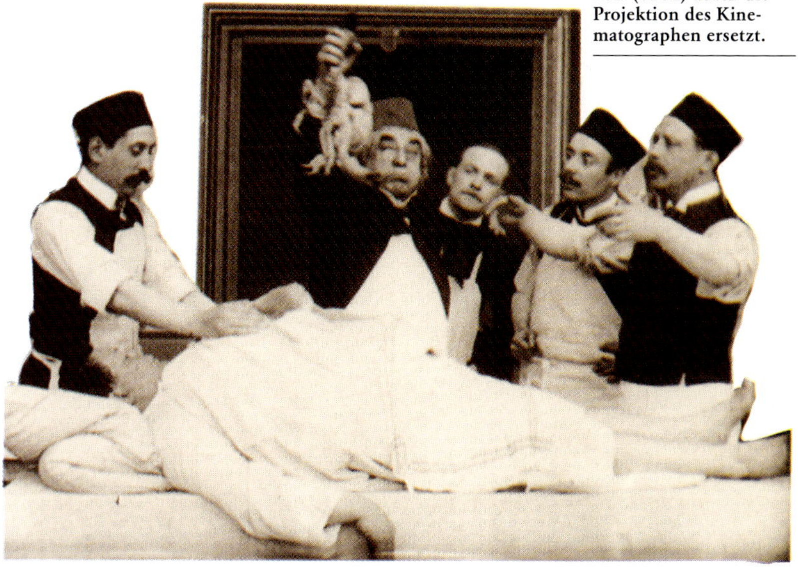

Réduction de l'affiche de M. A. BARRÈRE
publiée avec l'autorisation de MM. Pathé Frères
(Imprimeries d'Art, Robert et Cie)

VIERTES KAPITEL

EIN RAUHES GEWERBE

Mit Markenzeichen wie dem gallischen Hahn, einem Adler, einer Margerite, einem schwarzen Stern oder den Firmeninitialen versuchen die ersten Filmproduktionsfirmen, sich einen Platz in einem Gewerbe zu sichern, in dem es noch keine Regeln gibt. Es ist die Zeit des schnellen Aufstiegs, des großen Geldes und der gnadenlosen Konkurrenz. Der Weltmarkt des Films liegt in den Händen weniger.

Auf diesem von Barrère gezeichneten Plakat, das den gallischen Hahn – das Firmenemblem der Firma Pathé – zeigt, trägt Charles Pathé einen Projektionsapparat und Emile einen Phonographen. Die Abbildung rechts zeigt Ferdinand Zecca, den die beiden Brüder engagierten, um seine schöne Stimme aufzunehmen.

Bis 1910 liegt Frankreich in der kinematographischen Produktion und im Export an der Weltspitze. Doch das Geschäft wird immer härter. Angesichts der zahlreichen Konkurrenz auf dem Markt muß die Gesellschaft Lumière ab 1897 auf das Konzessionsgeschäft verzichten und ihren Apparat und ihre Filme verkaufen. Obwohl die Filmproduktionsfirma Lumière vom Leben Christi bis zum Werbefilm ein breites Themenspektrum anbietet, befriedigt sie kaum mehr die Erwartung des Publikums. So sieht sie sich 1905 gezwungen, ihre Filmproduktion einzustellen. Einige Jahre später produziert die Firma auch kein Filmmaterial mehr und schließt den Betrieb ihrer Kinosäle. Die Gebrüder Lumière wenden sich anderen Entdeckungen zu, denn sie sind doch vor allem Erfinder.

„Die Eroberung der Welt" durch die Gebrüder Pathé beginnt auf dem Jahrmarkt.

1894 stellt der Fleischerssohn Charles Pathé aus Vincennes auf Jahrmärkten einen Edison-Phonographen vor. Seine ersten Einnahmen ermöglichen ihm die Eröffnung eines Geschäfts für Phonographen. Wenig später kann er seiner Marktkundschaft aus England importierte imitierte Kinetoskope anbieten und hat auch hiermit Erfolg. So geht er bald darauf eine Geschäftsverbindung mit dem begabten Ingenieur Henri Joly ein. Joly konstruiert ein Kinetoskop mit vier Objektiven sowie ein kombiniertes Filmaufnahme- und Projektionsgerät. 1896 beginnt die Gesellschaft Gebrüder Pathé mit dem Verkauf der Pathé-Kinetographen. Innerhalb von drei Jahren wird aus dem Markthändler ein bedeutender Geschäftsmann, dem mehrere Fabriken und Ateliers gehören. Die „Allgemeine Gesellschaft für Kinematographen, Phonographen und Film, vordem Unternehmen Gebrüder Pathé" genießt schon bald den Ruf, die besten Kameras zu verkaufen. Sie sind mit einem Malteserkreuzgetriebe ausgestattet, das von Bunzli und Continsouza konstruiert wurde. 1899 beginnt man unter der Leitung des jungen Korsen Ferdinand Zecca mit der Filmproduktion. Mit einer Reihe von Wachsfiguren aus dem Museum Grévin stellt er 1901 den Film *Geschichte eines Verbrechens (Histoire d'un crime)* fertig. Angespornt durch den großen Erfolg, dreht er im folgenden Jahr *Die Opfer des Alkoholismus (Les Victimes de l'alcoolisme).* Das realistische moralische Drama ist ein weiteres Beispiel dafür, wie vielfältig das Spektrum von Gattungen und Themen ist, die die Brüder Pathé mit ihrer Produktion realisieren.

Charles Pathé ist darum bemüht, jede Art von Publikum anzusprechen und in allen Ländern verständlich zu sein. Das Konzept hat Erfolg. Das Markenzeichen der ersten französischen Filmgesellschaft, der gallische Hahn, beherrscht weltweit das Kino. Im Jahr 1905 wird in Vincennes ein neues Studio eingerichtet. Zwar bleiben die Regisseure der Filme oft

Szene aus *Der verzauberte Sumpf (L'Étang enchanté)* von Zecca **(oben)**

Aus *Die Eroberung der Luft (La Conquête de l'air)* von 1901 stammt **die Überblendung, die Zecca auf einem Phantasiegefährt über Paris schwebend zeigt.**

unbekannt, aber einige Mitglieder des Teams werden doch berühmt. Dazu zählen neben Zecca auch Lucien Nonguet, Hatto, Lépine und Gaston Velle, ein Illusionskünstler und Spezialist für Märchen, der bald in italienischen Studios arbeiten wird.

Mademoiselle Alice, die erste Regisseurin der Welt

Als Direktor der „Allgemeinen Vertriebsstelle für Photographie" interessiert sich Léon Gaumont für die „lebenden Bilder". 1896 konstruiert er den ersten, von Georges Démeny weiterentwickelten Chronophotographen, mit dem auf einem 60-Millimeter-Film einige Aufnahmen gemacht werden. Im Jahr darauf vertreibt er einen zur Aufnahme und Wiedergabe im 35-Millimeter-Format bestimmten Apparat, zu dem sich 1897 der Chronophotograph-Projektor Gaumont gesellt, ein ruhig arbeitendes, preiswertes Gerät, das beträchtlichen Erfolg haben wird.

Aber die Käufer der Apparate verlangen nach Filmstoff. Léon Gaumont, der sich mehr für die Technik als für den Spielfilm interessiert, vertraut die Filmproduktion seiner jungen Sekretärin Alice Guy an. Von 1897 bis 1906 verzeichnet die energische „Mademoiselle Alice" über 200 Filme auf einer Liste ihrer Werke. Den Anfang macht der Film

Die Kohlfee (La Fée aux choux), den sie im Garten ihres „Chefs" dreht. Von wenigen Ausnahmen abgesehen, kann ihr vom Lustspiel bis zum Melodram die gesamte Produktion bis 1905 zugeschrieben werden. Ausgehend von zauberhaften, naiven Einaktern zu Beginn ihrer fabelhaften Karriere, gelangt sie bald zur Inszenierung gewagter, vielschichtiger und kostspieliger Stücke. Ihr letzter Film, *Das Leben Christi (La vie du Christ)* aus dem Jahr 1906, wird mit 300 Statisten und 25 Bühnenbildern realisiert. Von diesem Jahr an widmet sie sich der Herstellung von Tonfilmen für das Chronophon, während Etienne Arnaud die Produktion leitet und Louis Feuillade die Drehbücher schreibt.

„Das von uns nach völlig neuen Erkenntnissen erbaute Theater wird dank modernster Technik und kolossaler Bühnenausmaße neben Lustspielen und Volksstücken auch die Aufführung großer Bühnenstücke ermöglichen, nach denen die Nachfrage wächst (…). Die Bretter würden selbst einer Elefantenherde standhalten. Eine Rampe erleichtert die Zufahrt von Kutschen."
Katalog Gaumont, 1906

Von der von Alice Guy 1906 inszenierten Passion *Das Leben Christi* (links) wurden zahlreiche Versionen gedreht. Sie zählen zu den ersten Spielfilmen.

Rund um das moderne Filmproduktionstheater, das 1905 anstelle der ehemaligen Ateliers in der Rue Alouette in Paris erbaut wurde und eines der größten der Welt ist, entsteht eine richtiges Industriegebiet. Die Produktionsfirma Elgé, deren Markenzeichen aus den von Margeriten umrankten Initialen ihres gestrengen Direktors

Die Sekretärin Alice Guy sammelt Freunde und Nachbarskinder um sich, leiht Kostüme aus, schneidet Kohlköpfe aus Karton, spannt ein Tuch vor die Gartenmauer – und beginnt ihre legendäre Karriere als erste Regisseurin der Welt mit der *Kohlfee* (unten).

1

2

„Dinosaurier" des Kinos

Die Abbildungen zeigen einige der gebräuchlichen und inzwischen seltenen Aufnahmegeräte und kinematographische Projektoren: Die 1898 patentierte englische Prestwich-Kamera im 35-Millimeter-Format wurde von der Firma Gaumont eingesetzt (1). Der Mechanismus der 1896 patentierten Darras-Kamera im 45-Millimeter-Format ist völlig identisch mit dem von L. A. A. Leprince im Jahr 1888 konzipierten Apparat (2). Der nach dem System Démeny konstruierte Chronophotograph Gaumont, hier ein Modell von 1897 im 35-Millimeter-Format, mit dem sowohl Alice Guy als auch Georges Méliès arbeiteten, wurde über 15 Jahre lang in den Gaumont-Studios eingesetzt (3). Dieses von R. Grimoin-Sanson für die Projektion von Filmen und die Ansicht von Glasplatten im 35-Millimeter-Format hergestellte Gerät (4) ist mit einem Malteserkreuzgetriebe ausgestattet. Von 1902 an wurde es von der Gesellschaft J. Demaria vertrieben.

3

4

1

4

Früchte des Wettbewerbs

Bunzli und Contin-souza stellen 1896 einen Projektor mit Malteserkreuzgetriebe her, der das Vorbild für den Pathé-Projektor ist (1). Gegen Ende des Jahres 1896 konstruiert der Ingenieur Georges Bedtz die Parnaland-Kamera, einen der ersten Filmapparate für Amateure. Das Gerät im 35-Millimeter-Format dient sowohl als Bildbetrachter wie auch als Kamera und Projektor (2). Darling und Wrench entwickelten den englischen Kamera-Projektor Biokam. Das 1898 patentierte und von der Warwick Trading Co. vertriebene Gerät verwendet einen 17,5-Millimeter-Film mit zentraler Perforation (3). 1890 wird ein „Lichtbildbetrachter", ein „Phosphoroskop" von der Firma Deyrolle verkauft (4).

3

2

3

4

1

2

Kameras für Amateure und Profis

Die für Amateure konzipierte Kino-Kamera I der Marke Ernemann, hier ein Modell aus dem Jahr 1902 (1), verwendet einen 17,5-Millimeter-Film mit zentraler Perforation. Das Universal Projecting Kinetoscope von Edison von 1903 im 35-Millimeter-Format zeichnet 12 Bilder pro Kurbelumdrehung auf (2). Ein weiteres Gerät für Amateure ist der nach dem System Démeny konstruierte Taschenchronophoto-graph von Gaumont, hier ein Modell von 1902, das mit einem 15-Millimeter-Film mit zentraler Perforation arbeitet (3). Der Pathé-Projektor im 35-Milli-meter-Format (4) kopiert eigentlich den von Louis Lumière für seinen Kinematographen ent-wickelten Mechanismus.

besteht, erweist sich als Goldader. Das in Frankreich an zweiter Stelle stehende Unternehmen eröffnet als erstes im Jahr 1898 eine Niederlassung in England. Gaumont British beginnt unter der Leitung von Oberst Bromhead mit der Filmproduktion und erlangt bald eine große Autonomie.

Während die Unternehmen Pathé und Gaumont von Banken und Fremdkapital unterstützt werden, hält die Star-Film-Gesellschaft von Georges Méliès an ihrer Eigenständigkeit fest. Seine Szenarien sind zwar wesentlich teurer als die Filme seiner Konkurrenten, aber bei Jahrmarktshändlern sind sie sehr beliebt. Die Filme mit dem schwarzen Stern werden im Ausland, vor allem in den angelsächsischen Ländern, viel verlangt.

1903 eröffnet Méliès in New York eine von seinem Bruder Gaston geleitete Niederlassung, um sich auf dem amerikanischen Markt besser behaupten zu können. Die folgenden Jahre sind durch einen ständig wachsenden Konkurrenzkampf gekennzeichnet, der mit immer härteren Bandagen ausgetragen wird. Pathé, Gaumont und Méliès beobachten einander aufmerksam, und so wandert auch schon mal eine Filmidee vom einen zum anderen. Bei der *Katastrophe von Martinique (La Catastrophe de la Martinique)* von Zecca oder dem *Vulkanausbruch auf Martinique (L'Éruption volcanique à la Martinique)* von Méliès ist es schwer zu sagen, wer hier wen beeinflußt hat. Auch zwischen den Filmproduktionen Gaumonts und Pathés gibt es einige auffällige Parallelen.

Das Filmstudio in Montreuil-sous-Bois ist Ergebnis der nachträglichen Umbauten Méliès'. Dem ursprünglichen, 1897 erbauten Atelier fügt er zwei Jahre später einen Schuppen für die Unterbringung der Geräte sowie ein verglastes Kulissen- und Dekorationsmagazin (rechts) hinzu. Bald befinden sich in der gesamten Umgebung des Filmateliers Lagerhallen, in denen Méliès neben 20 000 Kostümen und Accessoires auch die für seine Filme nötigen Konstruktionen wie Ballons, Züge und Flugzeuge aufbewahrt.

Angesichts der sich abzeichnenden Überproduktions-
krise beginnen die Amerikaner, sich neu zu formieren.
Pathé eröffnet eigene Kinosäle. Georges Méliès, der einst
innerhalb seines Berufszweiges großes Prestige genoß, wird
zunehmend isoliert. Ursache dafür ist nicht zuletzt der
Publikumsgeschmack, dem Méliès nicht mehr gerecht
wird. Doch in den Studios von La Villette und Vincennes
versucht man sich weiter im „Genre Méliès".

Der Patentkrieg der Filmproduzenten

Mit dem Erwerb des Patents für das Phantaskop von Armat
und Jenkins, das er am 23. April 1896 unter dem Namen
Vitaskop bei Koster and Bial's Music Hall vorstellt, setzt
sich Edison in Amerika endgültig als Erfinder der „lebenden
Bilder" durch. 1898 nimmt er die juristische Verfolgung all
jener Hersteller, Vertreiber und Produzenten auf, die seine
Patente unerlaubt oder zur Herstellung von Nachbildungen verwenden. Viele kleine Unternehmen unterliegen
schnell. Die Prozesse folgen rasch aufeinander und zetteln

Der New Yorker
Vergnügungspark
Coney Island in einem
von Porter im Jahr 1905
gedrehten Dokumentar-
film

Porters Film *Was geschah
auf der 23. Straße in
New York City (What hap-
pened on twenty-third street,
New York City)* von 1901
zeigt das Leben der
Straße. Er endet mit einer
Szeneneinstellung, in
der einer Frau das Kleid
über einem Luftschacht
der U-Bahn hochgewir-
belt wird (rechts). Später
wird eine ähnliche Szene
in dem Film *Das verflixte
7. Jahr* von Billy Wilder
mit Marylin Monroe
weltberühmt.

einen regelrechten „Patentkrieg" an, der erst 1908 mit der
Gründung der Motion Picture Patents Company zum Still-
stand kommt. Dieser Trust der amerikanischen Gesellschaf-
ten kontrolliert von jetzt an auch die ausländischen Importe.

Die Edison-Gesellschaft erweist sich ebenfalls in
bezug auf die Qualität ihrer Filmproduktion, die von Edwin
S. Porter geleitet wird, als mächtiger Gegner. Der junge
amerikanische Matrose Porter beginnt 1896 als wandernder
Filmvorführer. Danach arbeitet er im Eden-Museum in
New York, einem berühmten Wachskunst-Museum, das
schon früh kinematographische Projektionen in seine
Attraktionen einbaut. 1900 wird Porter Kameramann und
wenig später Produktionsleiter bei Edison. 1903 inszeniert
er *The life of an American fireman (Das Leben eines amerikanischen Feuerwehrmannes)* und *The Great Train Robbery
(Der große Eisenbahnraub)*, zwei Filme, die unter Filmhisto-
rikern als bahnbrechend für die Entwicklung der kinematographischen Sprache gelten. Nach dem beachtlichen Erfolg
des Films wird Porter für die Pro-
duktion verpflichtet. Da er sich
vor allem für die Filmtechnik
begeistert, experimentiert er in
einigen Filmen mit wich-
tigen Neuerungen, ohne
diese jedoch in seinem
gesamten Werk weiter-
zuverwenden.

„Er [Edwin S. Porter]
**beherrscht seine Kunst
von A bis Z. Dies ist mit
Sicherheit der bestquali-
fizierte Mann, den es
jemals gab, um die Ver-
antwortung für ein Film-
studio zu übernehmen."**
Moving Picture World

Die American
Mutoscope and
Biograph Com-
pany ist der här-
teste Konkurrent
der Edison-
Gesellschaft.

William Kennedy Laurie
Dickson, der Assistent
Edisons, dessen Name
stets mit der Erfindung
des Kinetoskops und der
Entwicklung der ersten
Filmstreifen verbunden
bleibt, verläßt West
Orange, um sich an der

Gründung eines Konkurrenzunternehmens zu beteiligen. 1895 schließt er sich Elias Koopman, Harry Marvin und Herman Casler an, die an der Entwicklung des Mutoskops arbeiten. Dieses soll mit dem Kinetoskop konkurrieren, das die bewegte Wiedergabe von Photographien durch die Montage auf einen Zylinder ermöglicht. Zunächst konstruieren sie eine Kamera für die Aufzeichnung der Bilder, den Mutographen, den sie soweit wie möglich von Edisons Gerät differenzieren, um den Vorwurf der Fälschung zu vermeiden. Von April 1896 an beginnt die American Mutoskop and Biograph Co. mit Filmaufnahmen in einem drehbaren Freiluftstudio auf dem Dach eines New Yorker Gebäudes. Zu ihren Produktionen gehören vor allem erotische Filme. Die Kamera, der Biograph, ist zwar sperrig, aber von außergewöhnlicher Qualität. Als Kameramann wird der junge Elektriker Johann Gottlob Wilhelm, genannt „Billy" Bitzer, eingestellt, der 1908 treuer Assistent von David Wark Griffith wird.

Das Bildrad des Mutoskops (links) wird mit einer Kurbel bewegt. Der Apparat erfreut sich anhaltender Beliebtheit auf Jahrmärkten und wird noch bis zu Beginn des Zweiten Weltkriegs eingesetzt.

Die American Biograph Company errichtet ein imposantes Gerüst (linke Seite), um 1899 den Boxkampf zwischen Jeffries und Sharkey zu filmen. Allerdings strahlen die für Aufnahmen im Saal erforderlichen starken Projektoren eine solche Hitze ab, daß die Boxer sich zwischen den Runden im Schatten von Schirmen ausruhen müssen.

In dem Film *Zieh die Vorhänge zu, Suzie (Pull down the curtains, Suzie)*, einem 1904 für das Mutoskop produzierten Einakter, beobachtet ein Mann eine Frau beim Entkleiden. Wie der Titel bereits andeutet, endet der voyeuristische Film in dem Moment, als die Frau den Vorhang schließt, um sich ihrer letzten Kleidungsstücke zu entledigen. Kennzeichen der Produktionen der Biograph Company sind ihre erotischen Filme, die in den frühen Jahren des Kinos ein wichtiges Genre darstellen.

In England produzieren kleine Produktionsfirmen hochwertige Filme.

Als Robert William Paul entdeckt, daß es in England
keinen Patentschutz für Edisons Kinetoskop gibt, zögert
er nicht länger mit der Herstellung und dem Vertrieb
nachgebauter Geräte. Da er sich von Edison keine Filme
beschaffen kann, arbeitet er mit dem Photographen Birt
Acres zusammen, der eine Kamera konstruiert. Die ersten
Filme der beiden entstehen im Frühjahr 1895 und
legen den Grundstein für die britische Filmindustrie.

Die Paul's Animatograph Ltd., die den Theatrograph
oder Animatograph genannten Projektionsapparat vertreibt,
kümmert sich wie viele Unternehmen jener Zeit gleichzeitig um Vertrieb und Produktion. Paul, der bei der
Filmregie von dem Illusionisten Walter R. Booth
unterstützt wird, wendet sich entschlossen dem
Spielfilm zu. Hier wendet er Tricks und neu-
artige Methoden an, deren Spuren sich in
den Filmen von Georges Méliès wiederfinden.

Der Amerikaner
Charles Urban reist als Vertreter
von Maguire und Baucus, den
Agenten Edisons, nach London.
Bevor er im Jahr 1902 seine eigene
Produktionsfirma, die Charles Urban
Trading Company gründet, verwandelt
er die britische Niederlassung in eine
aktive Gesellschaft, die Warwick Trading
Company. Der energische Geschäftsmann und
Entdecker von Talenten ist einer der ersten modernen
Produzenten. Im Jahr 1900 nimmt er den aus Brighton
stammenden Photographen George Albert Smith unter
Vertrag, der 1896 eine Kamera konstruiert und zu filmen
begonnen hatte. Ebenfalls beruft Urban Cecil Hepworth,

Ausschnitt aus dem
1905 von W. R. Booth
für R. W. Paul produzier-
ten Film *Motorist*, der
Filmszenen mit Trickauf-
nahmen kombiniert

Als Inhaber der Urban Trading Co. vertreibt Urban Filme von Smith, Williamson, Mottershaw, Méliès und Lumière. Er selbst produziert nur noch Dokumentarfilme getreu seiner Devise „We put the world before you" (Wir bringen Ihnen die Welt nach Hause).

Robert William Paul drehte *Menschliche Fliegen (The human flies)* (unten): Die auf den Kopf gestellte Ausstattung läßt die Menschen wie Fliegen an der Decke kleben (unten).

der ihn allerdings bald verläßt, um seine eigene Gesellschaft in Walton on Thames zu gründen. Ihm verdanken wir *Rettung durch Rover (Rescued by Rover)* aus dem Jahr 1905, einen der wichtigsten Film dieser Zeit. Er erzählt die Geschichte der Rettung eines Kindes durch einen Hund.

Sein Interesse an der Laterna magica führt auch James A. Williamson, einen Apotheker aus Brighton, auf die Spuren seines Freundes George Albert Smith. 1897 konstruiert er eine Kamera und dreht Filme, die sich gut verkaufen. Seine eher vom formalen als vom wirtschaftlichen Standpunkt aus bedeutende Produktion bricht allerdings 1909 ab. Ein Jahr später verkauft er sein Studio in Brighton an Charles Urban.

Trotz ihrer außergewöhnlichen narrativen Qualität und ihres starken Einflusses auf die Regisseure der Zeit spielt die englische Filmproduktion im Vergleich zur amerikanischen und französischen nur eine bescheidene Rolle auf dem internationalen Filmmarkt. Es sind weniger die stilistischen Neuerungen als ihr typisch britischer Charakter, der den Export des englischen Films in Grenzen hält.

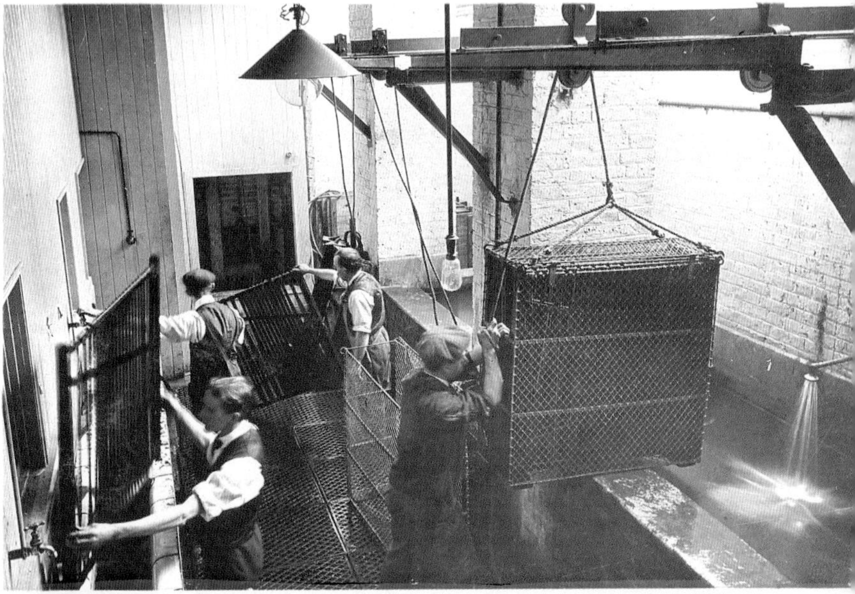

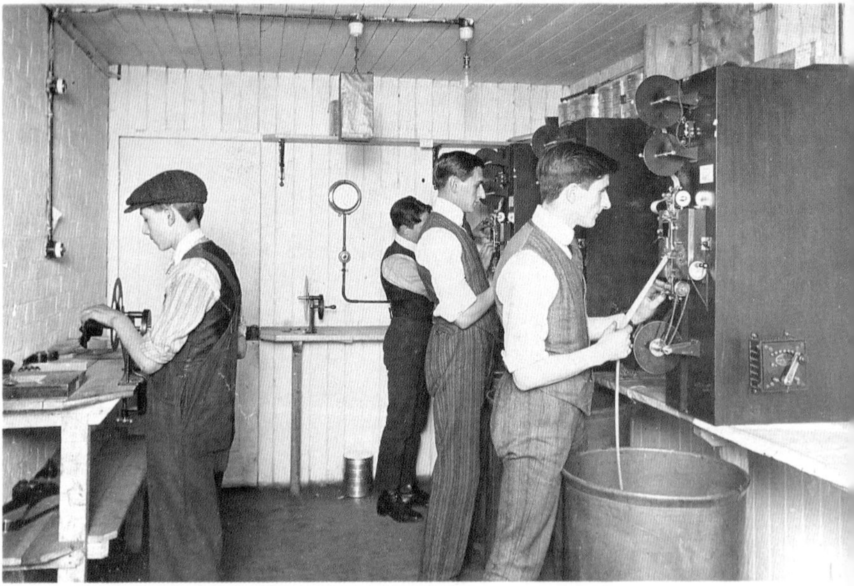

In der Überzeugung, vom Film leben zu können, gibt James A. Williamson 1898 seinen Beruf als Apotheker auf, um sich ausschließlich der Produktion seiner Filme widmen zu können. Einige Jahre hat er damit großen Erfolg. In dieser Zeit exportiert er viel, vor allem in die Vereinigten Staaten und nach Deutschland. Die nebenstehenden, in den Ateliers in Brighton aufgenommenen Photographien, sind seltene Zeugnisse der verschiedenen Phasen der frühen Bearbeitung von Filmstreifen, von der Entwicklung (links oben) und dem Trocknen der Filme (rechts oben) über das Ziehen von Kopien (links unten) bis zur Prüfung der Filme auf dem Umrolltisch (rechts unten).

FÜNFTES KAPITEL

DIE ENTDECKUNG DER WELT

Kameras folgen der Spur der Ereignisse und haben Anteil an einem neuen Konzept von Information, das durch die Entwicklung der Photographie und der Illustriertenpresse entstand. Während Aktualitätenfilme und Reportagen vornehmlich über sportliche Wettkämpfe, Militärparaden und internationale Konflikte berichten, ist der auf den allgemeinen Publikumsgeschmack zugeschnittene Kinofilm auch ein Spiegelbild der alltäglichen Welt.

Die ersten Kinoreporter, wie hier J. Rosenthal (links), zeichnen sich durch Courage und Risikofreudigkeit aus. Allerdings sind die Aktualitätenfilme nicht immer authentisch, wie es dieser *Vulkanausbruch auf Martinique* (rechts) zeigt, der von George Méliès im Studio nachgestellt wurde.

Im ersten Jahrzehnt der Filmgeschichte existieren zwei Formen von Aktualitätenfilmen: die authentischen und die nachgestellten.

Die Explosion des in Havanna auf Reede liegenden amerikanischen Panzerkreuzers „Maine" im Jahr 1898 löst zwischen den Vereinigten Staaten und Spanien einen Krieg um Kuba aus. Die Filmteams eilen zum Ort des Geschehens. Zurückgedrängt von der amerikanischen Militärführung, sehen sie sich gezwungen, die Szenerie entsprechend nachzustellen. Bemalte Leinwände, Wasserbecken und Schiffattrappen bilden die Kulisse am Stadtrand von New York, vor der die kubanischen Kämpfe in Szene gesetzt werden. Diese Vorgehensweise ist für die Entstehung der rekonstruierten Aktualitätenfilme charakteristisch. Aber es sind nicht immer staatliche Filmverbote, die große Entfernung vom Ort des Geschehens oder die Bescheidenheit der verfügbaren Mittel, die dazu führen, daß auf Elemente des Trickfilms zurückgegriffen wird. Manchmal soll der nachgestellte Film auch Fakten und Ereignisse klarer und pointierter herausstellen, als dies dem reinen Aktualitätenfilm möglich wäre. Wenn fingierte Filme statt authentischer Dokumentationen gezeigt werden, muß dies also nicht unbedingt als Betrug des Zuschauers interpretiert werden. Viele Filme dieser Zeit werden stolz als Nachbildungen präsentiert und als solche geschätzt. Studios wie jene von Georges Méliès oder Sigmund Lublin spezialisieren sich sogar auf diese Gattung.

Nachgestellte Aufnahmen zur Dreyfus-Affäre führen zur ersten Zensur in der Geschichte der Kinematographie.

Die Dreyfus-Affäre, die nach 1894 zu heftigen Reaktionen der französischen Presse führt und international Aufmerksamkeit erregt, läßt auch das Kino nicht unberührt. Als Francis Doublier als Gesandter des

Georges Méliès bezieht in seiner Inszenierung *Die Dreyfus-Affäre (L'Affaire Dreyfus)* klar Position zu dem politischen Ereignis. In dem Film übernimmt er selbst die Rolle des Anwalts von Dreyfus, Maître Labori (unten rechts).

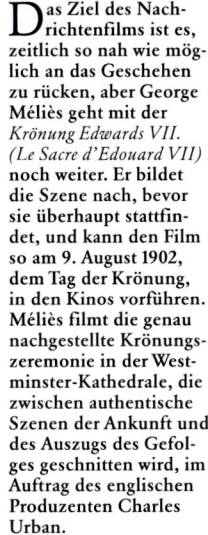

Das Ziel des Nachrichtenfilms ist es, zeitlich so nah wie möglich an das Geschehen zu rücken, aber George Méliès geht mit der *Krönung Edwards VII. (Le Sacre d'Edouard VII)* noch weiter. Er bildet die Szene nach, bevor sie überhaupt stattfindet, und kann den Film so am 9. August 1902, dem Tag der Krönung, in den Kinos vorführen. Méliès filmt die genau nachgestellte Krönungszeremonie in der Westminster-Kathedrale, die zwischen authentische Szenen der Ankunft und des Auszugs des Gefolges geschnitten wird, im Auftrag des englischen Produzenten Charles Urban.

Hauses Lumière 1898 die jüdischen Gemeinden in Südrußland besucht, sprechen alle von dem unglücklichen Kapitän. Um die Gunst der Stunde zu nutzen, durchsucht der Kameramann sein Filmmagazin und schneidet, klebt und montiert vier an sich belanglose Szenen zum ersten Film über die Affäre zusammen. Der begleitende engagierte Kommentar löst Begeisterung aus. Die Filmmontage muß jedoch aus dem Programm genommen werden, da sie die Fakten verzerrt.

Bei der Revision des Prozesses im Jahr 1899 verwenden die Kameraleute viel Geduld und allerlei Tricks darauf, um die ferne, graue Silhouette eines Mannes mit gebeugtem Rücken im Hof des Gefängnisses in Rennes

Der Krieg in Transvaal, in dem sich Buren und englische Kolonialisten gegenüberstehen, lockt unerschrockene Kinoreporter wie Joseph Rosenthal (unten) nach Südafrika. Dieser Konflikt ist für die Kriegsberichterstatter besonders gefährlich. Einem Zeitungsbericht jener Zeit zufolge wird ein Drittel von ihnen verwundet oder getötet.

zu erhaschen. Georges Méliès beginnt eine Rekonstruktion der gesamten Affäre in zwölf Szenen. Der mit 15 Minuten außergewöhnlich lange Film, dessen realistischer Stil von aktuellen Presseberichten beeinflußt ist, hebt sich von seinem gesamten Werk ab. Pathé bringt zur gleichen Zeit eine andere Version der Dreyfus-Affäre heraus. Beide Filme lösen in den Sälen Schlägereien aus, zu denen die Polizei gerufen wird. Die französische Regierung verbietet darauf die Produktion und Vorführung von allen Filmen zu diesem Thema. Diese

Maßnahme, ein ungewöhnliches und dauerhaftes Erbe der frühen Kinojahre, wird erst im Jahr 1950 aufgehoben.

Kameramann: ein neuer Beruf, aber auch eine moderne Form von Abenteuer

„Wissen Sie, Mesguich, wir bieten Ihnen keine Zukunftsperspektive, sondern eher die Tätigkeit eines Markt-

händlers. Sie kann sechs Monate dauern oder ein Jahr, vielleicht länger, vielleicht aber auch nicht."

Da die Berufe der Kinobranche noch kein klar umrissenes Profil haben, werden sie häufig als kurzfristige Aushilfstätigkeiten betrachtet. Eine Funktionshäufung in einer Person ist nicht selten. So ist Georges Méliès Produzent, Drehbuchautor, Regisseur, Bühnenbildner und Schauspieler in einem.

Die Kameraleute sind die Pioniere einer neuen Welt und Begründer der nationalen Kinematographie. Sowohl bei der Filmaufnahme als auch bei der während ihrer Reisen geschaffenen Produktions- und Vertriebsstrukturen spielen sie die Hauptrolle. Viele haben weder ihre Filme signiert noch ihre Verträge unterschrieben und bleiben unbekannt. Manche ergreifen diesen jungen Beruf zufällig und verlassen ihn wieder, wie die meisten Kameraleute Lumières, wenn ihr Vertrag ausläuft.

Auch das Berufsbild der Journalisten und Photographen wird von der neuen Technik wesentlich beeinflußt.

L umière-Filme wie *Kulis in den Straßen Saigons (Coolies dans les rues de Saïgon)* werden von jungen Leuten gedreht, die weder Reiseerfahrung noch eine journalistische Ausbildung haben. Ihr neuartiger Blick auf die Welt führt zu eigenwilligen Aufnahmen von Szenen, die von Profis der Nachrichtenbranche wahrscheinlich übersehen worden wären.

Champ de Foire des Quinconces · HÉMICYCLE (côté Sud)

STEREOGRAPH - SALON

CINÉMATOGRAPHE GÉANT PERFECTIONNÉ

Le CLOU de l'Exposition de 1900

VUES ANIMÉES · FANTÔMES · OMBRES · ACTUALITÉS RECONSTITUÉES

LE CHEVALIER MYSTÈRE

Scènes à transformation, du Théâtre ROBERT-HOUDIN

Semaine de Début

ÉPISODES
DE
LA GUERRE DU TRANSVAAL

PROCHAINEMENT

CENDRILLON

La reprise du féerie-féerie de Bordeaux

D ie Kinoprogramme sind bunt gemischt (oben). Auf die Nachrichten aus aller Welt folgt der von Méliès 1899 gedrehte Märchenfilm *Aschenputtel (Cendrillon)*.

1899 überbieten Villiers, Stanford, Dickson und
Rosenthal sich an Unerschrockenheit auf den Schlacht-
feldern von Transvaal. Joseph Rosenthal, der erste richtige
Kinoreporter, ist kein Journalist, sondern ein bei Charles
Urban in London angestellter Photographie-Fachmann.
Im Jahr 1900 wird er von der Warwick Trading Company
auf die Spur der englischen Truppen geschickt, die sich
im Kampf gegen die Buren befinden. Er reist mit zwei
Kameras und zwei Maultieren und belichtet 5 000 m
Filmstreifen mit Kampfszenen aus allernächster Nähe.
Nicht alle seine Filme gelangen nach London, da einige
von der Zensur konfisziert werden. Andere verschwin-
den im Verlauf des Transports durch einen feindlichen
Überfall auf den Konvoi oder durch Schiffbruch.

Die Zeit der organisierten Kämpfe, in denen sich
große Truppenverbände gegenüberstehen, ist vorbei.
Das Fehlen von Teleobjektiven läßt die kämpfende
„Guerilla" wenig „kinogeeignet" erscheinen, und so kon-
kurrieren die in Europa oder Amerika nachgestellten
Filme mit den authentischen Kriegsfilmen von Joseph
Rosenthal. Bis ins hohe Alter verfolgt er alle großen
Konflikte, die sich zu Beginn des Jahrhunderts in China,
auf den Philippinen und in Japan ereignen.

Das kreisförmige Cinéorama versucht, die Eindrücke einer Ballonreise wiederzugeben.

Der Name Raoul Grimoin-Sanson ist weniger wegen des
Phototachygraphen – einem der ersten Konkurrenten des
Kinematographen – in die Kinogeschichte eingegangen,
als vielmehr durch das Cinécosmorama, mit dem er
das originelle Cinéorama schuf. Kurioserweise hat diese
berühmte Attraktion jedoch nie funktioniert. Sie ist eher
als retrospektive Utopie denn als historische Realität
von Bedeutung.

Das von seinem Erfinder 1897 patentierte Cinécosmorama ist eine aus zehn kreisförmig montierten
Kameras bestehende Apparatur, die das Filmen und Projizieren im 360-Grad-Winkel ermöglicht. Dem Geist der
Zeit entsprechend läßt eine solche Anlage in erster Linie
an die Form des Panoramas denken. Als Projektionsfläche konzipiert Grimoin-Sanson ein riesiges rundes
Gebäude mit 100 m Umfang, dessen weiße Wände eine
ununterbrochene Leinwand bilden. Die Mitte des Saals
nimmt eine riesige Ballongondel ein, die mit dem

üblichen Zubehör wie Anker, Seilen, Ballastsäcken und Strickleiter versehen ist. Die Decke ist mit Stoffen überzogen, die an die Hülle des Luftballons mit Takelage, Riemen, Schleppseil und Ventilöffnung erinnern. Unter der Gondel sind zehn aufeinander abgestimmte Apparate angebracht, die nach dem Ausschalten des Lichts Aufnahmen vom Aufstieg, von Ballonfahrten und Landungen zeigen, wobei letztere durch das Rückwärtslaufen des Films entstehen.

Das Projekt wird von den Veranstaltern der Weltausstellung von 1900 zugelassen, und Grimoin-Sanson macht sich mit großem Eifer an die Realisierung. Er läßt die Geräte bauen und bricht auf, um an Bord authentischer Ballons über den großen europäischen Hauptstädten Filme zu drehen. Das Filmmaterial soll den Zuschauern im Kinoraum die perfekte Illusion vermitteln, selbst beispielsweise über den Dächern von Paris zu schweben. Bei der Vorführung machen jedoch technische Mängel dieses gewaltige Unternehmen zunichte. Die von den Projektionsapparaten erzeugte Hitze ist nicht nur eine Zumutung für die Zuschauer. Nach vier Vorstellungen ordnet die Polizeipräfektur wegen Brandgefahr die Schließung des

Edisons Kameraleute und Bahnbeamte bereiten sich 1896 auf einem Eisenbahngleis in Pennsylvania auf den Drehbeginn zum Film *Black Diamond Express* vor. Spielfilme wie dieser zeigen dem Betrachter häufig Sequenzen, in denen abwechselnd die Ansicht des Lokführers, des Reisenden oder eines in der Nähe des Bahngleises stehenden Beobachters gezeigt wird. Letzterer Part kann auch schon mal von einer am Bahndamm weidenden Kuh übernommen werden.

Gebäudes an. Das Cinéorama bleibt ein Unternehmen ohne Zukunft, da es sich eher an den im 19. Jahrhundert besonders beliebten Panoramen orientiert als an den Visionen eines zukünftigen Kinos.

Eisenbahn und Kino – eine Liaison auf Zeit

„Plötzlich hört man etwas klicken. Alles verschwindet, als ein Zug die Leinwand füllt. Achtung! – Er fährt direkt auf uns zu. Es scheint, als wollte er sich in die Dunkelheit, wo wir sind, bewegen und aus uns einen widerlichen Haufen zerrissenen Fleisches und zerkrümelter Knochen machen und diesen Saal und das ganze Gebäude voll von Wein, Musik, Frauen und Lastern in Staub verwandeln."

Diese Version der Apokalypse, in der der gefilmte Zug als Rächer erscheint, der eine verdorbene Gesellschaft zermalmt, stammt von Maxim Gorki. Diese „Urszene" der kinematographischen Vorstellung, ob sie in La Ciotat oder anderswo stattfindet, ist in der Frühzeit des Kinos ein stets wiederkehrendes Thema. Lokomotiven erscheinen so häufig auf der Leinwand, daß die Kameraleute bald in den Waggons zu drehen beginnen. Die ersten Travellings, zu jener Zeit Panorama genannt, werden von Kutschen aus aufgenommen. Die kühnsten Kameraleute binden sich direkt vor der Lok fest und filmen die bei hoher Geschwindigkeit vorbeifliegende Landschaft. Nicht zuletzt sind es Szenen wie diese, die entscheidend zum Aufschwung der amerikanischen Filmindustrie beitragen.

Die wirksame Liaison von Eisenbahn und Kino nutzt auch George C. Hale, seit über 20 Jahren Leiter der Feuerwehr von Kansas City. Mit einem untrüglichen Geschäftssinn ausgestattet, erwirbt er 1904 das Patent einer Erfindung von William J. Keefe. Die Attraktion besteht aus einem

Manche der Hale's Tours werden von Eisenbahngesellschaften finanziell unterstützt. So dreht der Kameramann Billy Bitzer 1898 in Orange (New Jersey) einen Werbefilm für eine Eisenbahngesellschaft, für den er mit einer Mutograph-Kamera an den cowcatcher einer Lokomotive gebunden wird (unten). 1900 folgt der französische Filmer Félix Mesguich seinem Beispiel und dreht auf die gleiche Weise einen Film für eine Schlafwagengesellschaft.

Eisenbahnwaggon, der auf kreisförmig angelegten Gleisen in einem Tunnel seine Runden zieht, während auf die Tunnelwände Landschaftsaufnahmen projiziert werden. Diese Installation Keefes ist von Hale vereinfacht worden: Der Waggon, in dem die Zuschauer Platz nehmen, ist fest montiert, der Vorbau wurde durch eine Leinwand ersetzt, und eine unter dem Wagen angebrachte Anlage produziert während der Fahrt, beim Halten, Bremsen oder Beschleunigen, Stöße und Zuglärm in Übereinstimmung mit dem projizierten Film. Wie die Eiswaffel, das Hot dog oder der Eistee gehört das „Waggon-Kino" von Hale zu den auf der großen Ausstellung von Saint Louis im Jahr 1904 gezeigten Neuheiten.

In den ersten Jahren des Kinos sind Szenen, die die Ankunft eines Zuges im Bahnhof zeigen, auffällig häufig. Der seiner Familie bei der Ankunft des Zuges entgegenlaufende Mann in dieser Szene (oben) verleiht dem Film eine neue emotionale Dimension.

Hale's Tour steht mit seinem Waggon-Kino am Anfang des amerikanischen Vertriebs.

Von 1905 an verbreitet sich die „Hale's Tour" genannte Attraktion wie ein Lauffeuer überall in den USA und bringt ihren Betreibern – Sam Warner, Adolph Zukor und Carl Laemmle –, die einige Jahre später zu den größten Produzenten Hollywoods zählen sollen, ein Vermögen ein. Der spätere Präsident der Paramount Pictures, Adolph Zukor, eröffnet das erste Hale's-Tour-Etablissement in New York. Die Fassade des Gebäudes ist wie eine Eisen-

Die Zeitungen berichten von Fällen, in denen Zuschauer während der Vorstellung einer Hale's Tour die auf der Leinwand zu sehenden Fußgänger aufforderten, von den Gleisen zu gehen. Ein Mann soll jeden Tag mit der Hoffnung in die Vorstellung gekommen sein, einen Zug entgleisen zu sehen.

bahnstation gestaltet, in der uniformierte Angestellte die Zuschauer für eine halbstündige Reise in einen Saal mit 60 Plätzen geleiten. Die im Vordergrund unter Zug, Straßenbahn oder Untergrundbahn vorbeiflitzenden Schienen runden die scheinbar perfekte Illusion ab.

In den amerikanischen Vergnügungsparks entstehen zeitgleich etwa 500 Vorführstationen der Hale's Tours und bilden so ein erstes Netz ortsfester Kinos. Reisefilme dieser Kategorie werden bald zu einer eigenen Gattung, die zum Programm der meisten amerikanischen Produktionsfirmen gehört.

Ab 1906 treten die ersten Ermüdungserscheinungen auf. Das Kinopublikum hat sich an den Effekten der Kinozüge satt gesehen. In allen Ländern der Welt sind die Kameras unterwegs, um die von Monotonie bedrohten Kinoprogramme zu beleben. Doch um 1912 haben die Hale's Tours schließlich die Endstation der Publikumsgunst erreicht und verschwinden allmählich von der Bildfläche.

Um die Attraktivität der Eisenbahnfilme für das Publikum aufzufrischen, nimmt der Kinobetreiber Adolph Zukor den erfolgreichen Spielfilm *Der große Eisenbahnraub (The Great Train Robbery)* von Edwin S. Porter in sein Programm auf. Mit einem neuartigen Einsatz von Eisenbahn und Kino spielt dieser Film eine Schlüsselrolle in der Entwicklung der kinematographischen Sprache.

Von 1905 an werden die Hale's Tours in sogenannte Nickelodeons umgewandelt. Der Name spielt auf den Nickel, das Fünf-Cent-Stück, sowie auf Odeon, die griechische Bezeichnung für Theater, an.

„Der Saal war ungefähr 15 m lang, und die Sitzplätze befanden sich zu beiden Seiten eines Mittelganges, genauso wie in einem Eisenbahnabteil, mit den gleichen Rückenlehnen aus Korbgeflecht. Der Film war vom hinteren Teil eines Zuges gedreht worden, der die Anden überquerte. Ich blieb mit einem Freund und einem anderen Jungen dort, und es war für uns wie in einem Märchen. Wir verbrachten den ganzen Tag in dieser Vorstellung und kamen erst wieder auf die Erde zurück, als man uns, um zu kehren, vor die Tür setzte."

Byron Askin,
Regisseur

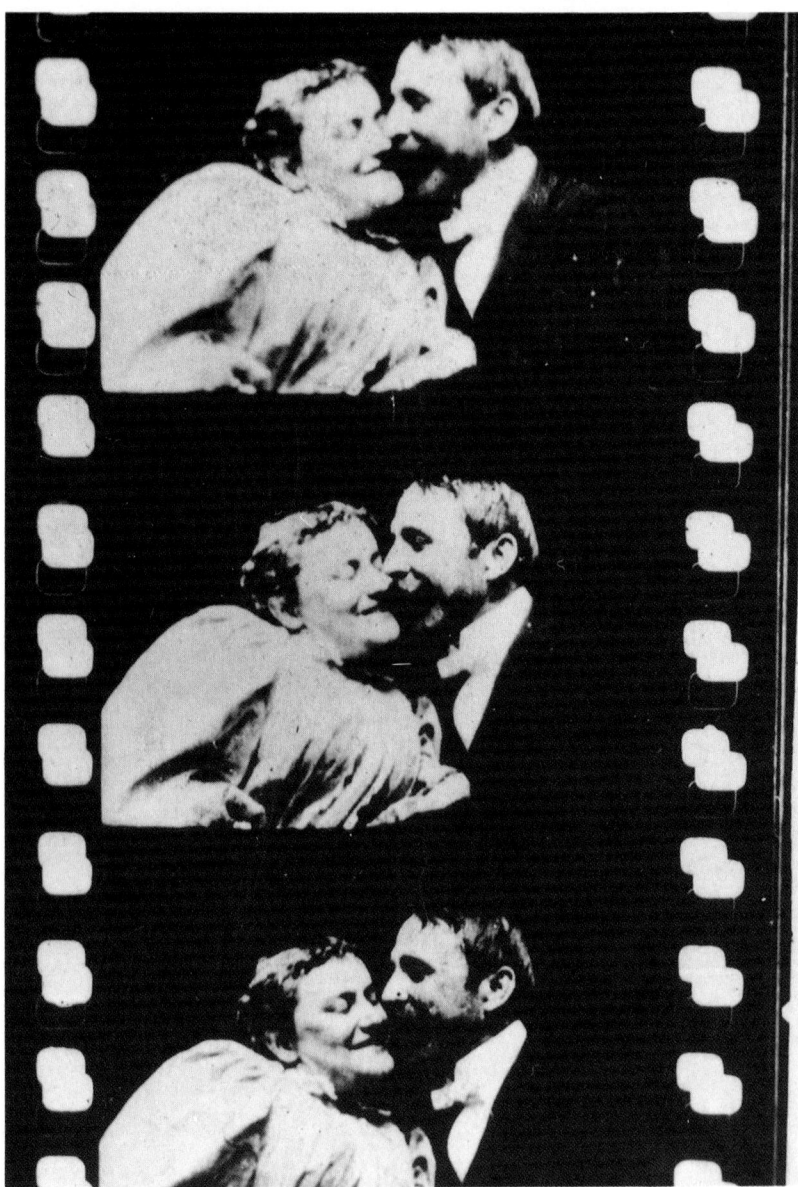

SECHSTES KAPITEL

DIE BEFREITEN BILDER

„Das Publikum hat zu viele Züge, Straßen-
bahnen und Omnibusse gesehen. Abgesehen von
einigen Filmen, deren Humor zu französisch ist,
um den Briten zu gefallen, kann man sagen, daß
die Möglichkeiten der bewegten Photographien,
den Zuschauer lachen oder weinen zu machen
oder zum Staunen zu bringen, bisher nicht im
geringsten ausgeschöpft wurden."

Robert William Paul, 1898

*Der Kuß von May Irwin
und John C. Rice (The
May Irwin – John C. Rice
Kiss, 1896),* **der erste Kuß
der Filmgeschichte, ist
nicht etwa der Abschluß,
sondern der einzige
Gegenstand des 16 m
langen Films.**

Laterna magica und Comics als Quellen der Filmerzählung

Komposition und Ästhetik der ersten Filme
haben ihre Wurzeln in verschiedenen populären
Erzählformen des 19. Jahrhunderts. So liefert
die Laterna magica dem Kino nicht nur einige
ihrer besten Künstler, sondern stellt ihm auch
ihr Themenrepertoire sowie eine bestimmte
Schnittechnik für die Montage einer Geschichte
in eine Abfolge von Bildern zur Verfügung.
Dieser Einfluß ist vor allem bei englischen Regisseuren wie James Williamson und George Albert
Smith zu spüren. Zu den auffälligen Parallelen
beider Medien gehören z. B. Schlußbilder,
die mit der Kamera nah herangeholt werden.
Sie beenden in der Laterna magica in der Regel
eine Serie vorausgegangener Bildtafeln; im Kinofilm kündigen sie das Ende oder den Anfang
einer Filmsequenz an. Ein weiteres Beispiel ist
die Funktion des Conferenciers. Sind es in der

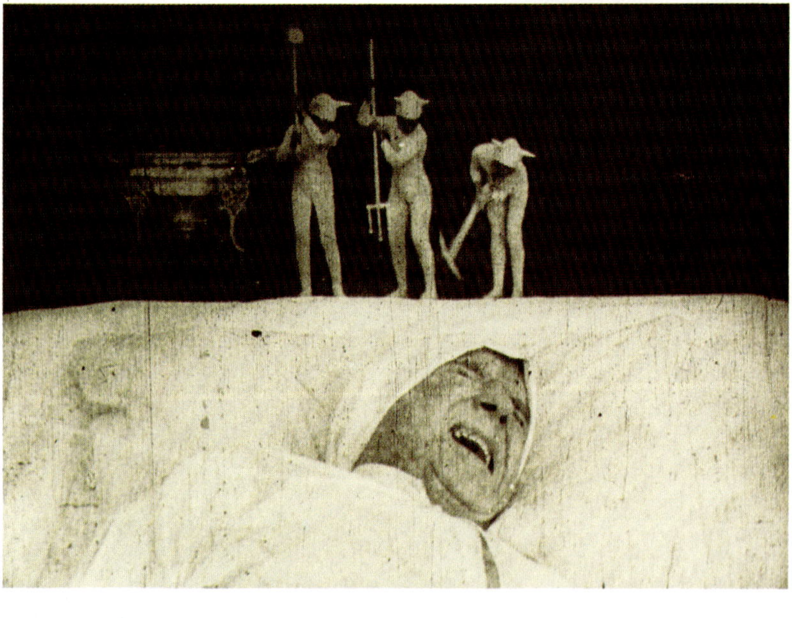

Laterna magica seine gesprochenen Kommentare, übernehmen im Film Texttafeln die strukturierende Funktion. Sie ergänzen den Film zum Teil auch durch erzählerische Elemente, die selbst nicht gezeigt werden.

Eine weitere Quelle für die Inspiration der Kinoregisseure ist gerade in den USA der Comic. Der erbitterte Kampf der beiden New Yorker Pressemagnaten Joseph Pulitzer – Herausgeber der „New York World" – und William Randolph Hearst – Besitzer des „Morning Journal" – forciert die Entwicklung des amerikanischen Comics, der in Farbdruck jeweils auf der Titelseite der Sonntagsbeilage der beiden Zeitungen erscheint. Bald ist der „Comic strip" so populär, daß sich auch das Kino seines Repertoires an stereotypen Charakteren und Handlungsmustern bedient. Böse Buben vom Typ eines Buster Brown oder der Katzenjammer Kids bevölkern die Leinwände. Happy Hooligan, der Held des ersten Comic-Bandes Frederick Burr Opers von 1899, ist im

darauffolgenden Jahr in einer Filmserie zu sehen, während *Der Traum eines Feinschmeckers (The Dream of a Rarebit Friend)* von Windsor McCay die Vorlage zu einem Film von Edwin S. Porter im Jahr 1906 bildet.

Die Struktur des Comics hat ebenfalls Einfluß auf die Entwicklung der Filmsprache. Comic strips in Größe einer Zeitungsseite werden in Bilder aufgeteilt, die den Filmaufnahmen entsprechen und die Erzählung durch

Der Traum eines Feinschmeckers (The Dream of a Rarebit Friend) realisiert den gleichnamigen Comic von W. McCay mit den Mitteln des Trickfilms. Ein Mann kehrt nach reichlichem Genuß von Bier und Käsefondue schwankend nach Hause zurück. Er legt sich ins Bett (linke Seite unten) – und hat einen Alptraum: Sein Bettgestell bewegt sich, schwebt aus dem Zimmer und fliegt mit ihm über die Dächer New Yorks (links). Der Mann fällt aus dem Bett und findet sich am Kirchturm hängend wieder, bevor er auf dem Boden seines Zimmers erwacht. Der Eindruck der Trunkenheit bei dem nach Hause schwankenden Mann wird durch die Überblendung mit einem schnellen Kameraschwenk in Augenhöhe des Darstellers erreicht. Während er an einer Straßenlaterne hängt, wird er außerdem von einer beweglichen Kamera gefilmt (obere Abbildungen linke Seite). Neben der Überblendung arbeitet Porter mit der Technik der Einzelbildaufnahme und mit der horizontalen Bildteilung. Er benötigt nur wenige Figuren und kombiniert Kameraeinstellungen verschiedenen Maßstabs.

 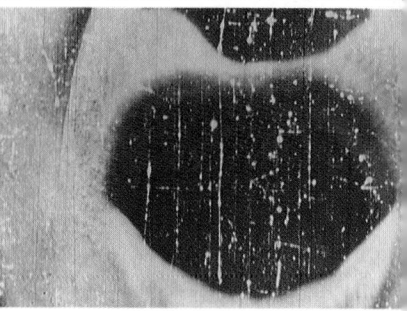

eine Veränderung der Blickwinkel, der Einstellungslänge oder der Örtlichkeiten entwickeln. Comics wie „Buster Brown" oder „Little Nemo" beginnen mit einem ganzseitigen, themenbezogenen Bild, das in die Geschichte einführt, ohne jedoch ein Bestandteil ihrer Handlung zu sein. Dieser Typus des Anfangsbilds ist mit der einleitenden Großaufnahme zu vergleichen, mit der zahlreiche Filme beginnen. Trotz aller Parallelen ist dennoch zu betonen, daß die Regisseure in den ersten Jahren des Jahrhunderts von der erzählerischen Virtuosität der Comic-Zeichner noch weit entfernt sind.

Auch das Varieté übt großen Einfluß auf das junge Kino aus. Als W. K. L. Dickson die ersten Streifen für das Kinetoskop dreht, wendet er sich an die Music-Halls in New York oder an Truppen von Wanderkünstlern, um einige Nummern von ihnen zu entlehnen. So entsprechen manche seiner Arbeiten gefilmten Künstlerauftritten. Die Dekoration ist der Theaterkulisse nachempfunden, der Artist betritt die Bühne, begrüßt das Publikum, führt seine Nummer vor und geht. Die Kamera nimmt den idealen Zuschauerplatz in mittlerer Entfernung genau gegenüber der Bühne ein und ist fest montiert. Diese gefilmten Varieténummern weisen in der Regel eine einzige Kameraeinstellung auf und werden in Music-Halls vorgeführt, wo sie das Repertoire bereichern.

Sehr früh arbeiten die Filmregisseure mit unterschiedlichen Einstellungen und Raumtiefen.

Der Film *Die Ankunft eines Zuges in La Ciotat* ist eines der ältesten und beeindruckendsten Beispiele für den Maßstabswechsel innerhalb derselben Kameraeinstellung. Auch

„‚Ich will nicht, ich will nicht, eher esse ich den Apparat auf.' Ein lesender Herr entdeckt einen Amateurphotographen, der, den Kopf unter einem schwarzen Tuch verborgen, gerade dabei ist, ein Porträt von ihm zu machen. Er befiehlt ihm, zu verschwinden, läuft ihm gestikulierend und schreiend entgegen, bis sein Kopf das ganze Bild einnimmt und die gesamte Leinwand schließlich von seinem Mund ausgefüllt wird. Als er seinen Mund öffnet, verschwinden Kamera und Photograph in seiner Mundhöhle. Kauend entfernt er sich mit dem Ausdruck größter Befriedigung."
The Big Swallow
(Der große Schluck),
Film von J. Williamson,
1901

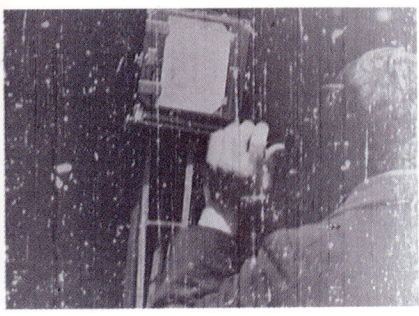

die Filme Louis Lumières sind bemerkenswert, weil sich die Kameraeinstellung noch stark an der Technik der Photographie orientiert.

Zwar sind zunächst die in der Totale gedrehten Filmszenen vorherrschend, die von der Theaterbühne inspiriert sind, doch schließen sie den Einsatz von Nahaufnahmen oder den Wechsel des Maßstabs innerhalb desselben Films nicht aus. Die Bewegung der Darsteller, ihr Auftritt oder Abgang im Hintergrund oder durch Seitenausgänge orientiert sich an den Arrangements der Theaterbühne.

Der Wechsel von Nahaufnahme und Totale ist nicht selten und bildet sogar ein eigenes Genre, dessen bevorzugtes Thema Gesichtsausdrücke, insbesondere Grimassen sind. Beispiele dafür sind das 1891 mit dem Chronophotographen aufgenommene Gesicht von Georges Démeny beim Ausspruch von „Ich liebe Sie", das Niesen von Fred Ott *(Record of a Sneeze)* für das Kinetoskop 1894 oder der Kuß zweier Darsteller *(The May Irwin – John C. Rice Kiss)* für das Vitaskop 1896. Eine Nahaufnahme des Hauptdarstellers kann sich am Anfang oder Ende eines Films befinden. So richtet der Bandenführer zu Beginn des Films *The Great Train Robbery* in Großaufnahme seinen Revolver auf das verehrte Kinopublikum. Dabei bleibt es hier dem Kinobetreiber überlassen, ob er diese Bildsequenz an den Anfang oder an das Ende des Films setzt.

In *The Big Swallow* bewegt sich der Mann auf die starre Kamera zu. Der Kameramann mußte beim Drehen besonders auf die Bildschärfe achten. Der *Grimassenwettbewerb (Concours de grimaces)* von F. Zecca besteht lediglich aus Nahaufnahmen von Gesichtern ohne Erzählzusammenhang (unten).

Im Film *Die Vergeltung (La Peine du talion)* von Pathé (1906) folgt auf die Nahaufnahme eines aufgespießten Insektensammlers, die von einer über dem Darsteller angebrachten Kamera aufgenommen wurde, eine Totale, in der die Objekte seiner Begierde ihn gerade durchbohren.

Travellings und Kameraschwenks erweitern den Bühnenraum.

Die Position der normalerweise in Augenhöhe der Darsteller installierten Kamera kann durch kleine Bewegungen nach oben oder unten variiert werden; außerdem kann die Kamera unterhalb oder oberhalb des zu filmenden Objektes aufgestellt werden und erreicht dadurch völlig unterschiedliche Wirkungen. In Trickfilmen werden manche Effekte dadurch erzielt, daß die Kamera vertikal verschiebbar über der Szene angebracht wird. Überraschenderweise zeugen die Filme von Louis Lumière zwar von bemerkenswerten Kenntnissen über Bildeinstellungen und Raumtiefe, aber sie weisen stets nur eine einzige Kameraeinstellung auf.

Wie bereits geschildert, gehört die bewegte Kamera zu dem Standardrepertoire der Eisenbahnfilme. Einer der ersten, die diese Travelling-Technik in einem ganz anderen Zusammenhang angewandt haben, ist der Kameramann Eugène Promio, der 1897 in Venedig an Bord einer Gondel die Palazzi an den Ufern des Canale grande filmt. Erst sehr viel später wird ihm bewußt, daß er mit dieser Kamerafahrt das erste Travelling der Filmgeschichte gefilmt hat.

Die Zahl der in den Katalogen unter der Rubrik „Panoramas" aufgeführten und durch Hoch- und Runter-, Seit-, Vor- oder Rückwärtsbewegungen auf einem Zug, Schiff, Ballon, Automobil oder Fahrstuhl erreichten Travel-

Die erfinderische Kammerzofe (L'ingénieuse soubrette), ein Film von F. Zecca (1902), ist nicht nur von oben gefilmt; um den Eindruck zu erwecken, die Dienerin laufe an der Wand entlang, um Bilder aufzuhängen, wurde das gesamte Wanddekor auf dem Boden angeordnet. Diese in der Frühzeit des Kinos gängige Technik wird später, obwohl sie als Effekthascherei durchschaut schnell ihren Reiz verliert, für ähnliche Effekte weiterhin genutzt.

lings vervielfacht sich in den Aktualitätenfilmen bis 1900. Bald werden sie auch in Spielfilmen verwendet.

Normalerweise bewegen sich die Darsteller aus dem Hintergrund auf die fest montierte Kamera zu. Der von der American Mutoscope and Biograph Company im Jahr 1903 produzierte Film *Hooligan im Gefängnis (Hooligan in Jail)* ist ein Beispiel für die Vorwärtsbewegung der Kamera, die von einer Gesamtaufnahme der Zelle zu einer Naheinstellung des Landstreichers übergeht. Allerdings finden sich für diese Alternative zur Montage von zwei Einstellungen zunächst keine Nachahmer. George Méliès, dessen

Arbeiten abgefilmten Theaterstücken gleichen, verwendet bemalte Leinwände, die horizontal vor einer starren Kamera vorbeigeführt werden. Nach 1900 verwenden die Kameraleute beim Drehen im Freien, bei der Verfolgung einer Figur oder einer Handlung Kameraschwenks, die oft eher ungeschickt als absichtlich eingesetzt wirken. Um das Jahr 1906 erhalten diese in Spielfilmen inzwischen üblich gewordenen Kamerabewegungen eine Handlungsfunktion. 1905 treten bei Pathé die ersten Kameraschwenks auf, die im Studio realisiert werden. Sie bleiben einige Jahre lang ein besonderes Kennzeichen der ersten französischen Filmgesellschaft.

Die frühesten bekannten Beispiele für den Wechsel von Kameraeinstellungen sind aus dem Jahr 1898 und stammen von George Méliès *(Ein Meter bis zum Mond, La lune à un mètre)* und Robert William Paul *(Komm vorbei, Do!, Come along, Do!)*, der eine Interieur- und eine Außenszene miteinander verknüpft. Filme, deren Story mit mehreren Kameraeinstellungen erzählt wird, werden um das Jahr 1900 häufig als Serien konzipiert, deren einzelne Szenen jeweils einen eigenen Titel tragen. Sechs Jahre später sind Filme mit zehn Einstellungen und insgesamt zehn Minuten Dauer keine Seltenheit mehr.

Die Verfolgungszene, ein wichtiges Thema des frühen Kinos, führt zu zahlreichen Neuerungen.

Ein Polizist auf Verbrecherjagd, ein Hund, der sich auf einen Landstreicher stürzt, ein Krämer bei der Verfolgung eines Diebes, eine Frau auf der Suche nach einem Ehemann ... Das variable Motiv der Verfolgungsjagd führt zur Entstehung längerer Filme mit mehreren Kameraeinstellungen im Freien. Befreit von den illusionistischen Dekors der Filmstudios, bewegen sich die Schauspieler ungezwungener in den benachbarten Straßen, stürzen Treppen hinunter, überwinden Flüsse und erklimmen Hindernisse.

Die Damen entledigen sich ihrer Röcke, um besser laufen zu können, und der Anblick eines weiblichen Knöchels ist in einem Verfolgungsfilm zu dieser Zeit kein geringer Reiz. In ausgesprochen akrobatischen Szenen werden die weiblichen Rollen allerdings häufig von verkleideten Männern übernommen. Die in England entstandene Gattung des Verfolgungsfilms

verbreitet sich auch in Frankreich und in den Vereinigten Staaten rasch. Trotz zahlreicher Variationen zeichnen sich Filme dieses Genres durch eine identische Grundstruktur aus. Jede Einstellung spielt an einem anderen Ort; die Schauspieler bewegen sich zumeist aus dem Hintergrund auf die Kamera zu und verlassen das Blickfeld in diagonaler Richtung; bisweilen dient der Einsatz eines Kameraschwenks der weiteren Verfolgung; Verfolgte und Verfolger laufen nacheinander durch das Blickfeld, und erst nachdem sie es ganz verlassen haben, erfolgt der Szenenwechsel. Die Verfolgungsjagd zu Fuß wird bald von der Jagd zu Pferd, im Automobil oder im Zug abgelöst, was eine Kürzung der Einstellungen und eine Beschleunigung des Rhythmus zur Folge hat.

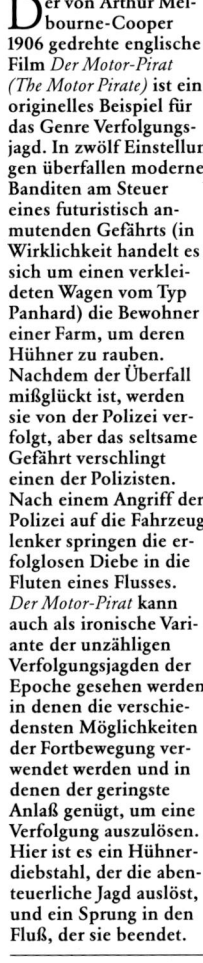

Der von Arthur Melbourne-Cooper 1906 gedrehte englische Film *Der Motor-Pirat (The Motor Pirate)* ist ein originelles Beispiel für das Genre Verfolgungsjagd. In zwölf Einstellungen überfallen moderne Banditen am Steuer eines futuristisch anmutenden Gefährts (in Wirklichkeit handelt es sich um einen verkleideten Wagen vom Typ Panhard) die Bewohner einer Farm, um deren Hühner zu rauben. Nachdem der Überfall mißglückt ist, werden sie von der Polizei verfolgt, aber das seltsame Gefährt verschlingt einen der Polizisten. Nach einem Angriff der Polizei auf die Fahrzeuglenker springen die erfolglosen Diebe in die Fluten eines Flusses. *Der Motor-Pirat* kann auch als ironische Variante der unzähligen Verfolgungsjagden der Epoche gesehen werden, in denen die verschiedensten Möglichkeiten der Fortbewegung verwendet werden und in denen der geringste Anlaß genügt, um eine Verfolgung auszulösen. Hier ist es ein Hühnerdiebstahl, der die abenteuerliche Jagd auslöst, und ein Sprung in den Fluß, der sie beendet.

Die Regisseure können Aufbau und Verlauf einer Handlung ohne Einsatz der Schnitttechnik steuern.

Die Gleichzeitigkeit zweier Handlungen wird durch das Nebeneinanderstellen innerhalb derselben Einstellung erreicht. Hierbei werden entweder zwei verschiedene Orte nebeneinander vor einem gemalten Hintergrund dargestellt, oder die Kulisse wird durch eine Trennwand, eine Mehrfachbelichtung mittels Abdeckung oder eine Überblendung geteilt. Vor allem Telephongespräche werden mit einem solchen Verfahren gedreht. Das geteilte Bild zeigt die beiden Gesprächspartner, wobei manchmal ein Drittel des Bildes dem Gesprächsinhalt oder der Darstellung der Ent-

fernung, die die Gesprächspartner trennt, vorbehalten bleibt (rechts oben). Die Überblendung einer Szene wird vorrangig für die subjektive Darstellung eines Traums oder einer Erinnerung verwendet (links).

Ein Kameraschwenk kann einen Ortswechsel innerhalb der Einstellung anzeigen. Im Film *The Little Train Robbery (Der kleine Eisenbahnraub)*, der 1905 von Porter als Parodie auf *The Great Train Robbery* gedreht wurde, folgt die Kamera den fliehenden Banditen, um dann mit einem Schwenk auf ihre Opfer im Zug zurückzukommen.

Die verschiedenen Einstellungen eines Films stehen jedoch nicht immer in einem Erzählzusammenhang. Häufig gibt es Brüche oder Ellipsen. In der

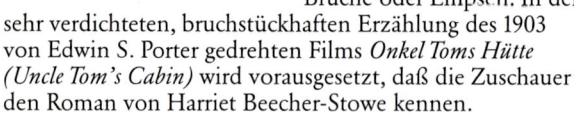

sehr verdichteten, bruchstückhaften Erzählung des 1903 von Edwin S. Porter gedrehten Films *Onkel Toms Hütte (Uncle Tom's Cabin)* wird vorausgesetzt, daß die Zuschauer den Roman von Harriet Beecher-Stowe kennen.

Die Überblendung soll einen Bericht illustrieren. Der Film *Was der Pfarrer wirklich tat (What the curate really did)* von L. Fizhamon (1905) zeigt einen Geistlichen im Gespräch mit einem kleinen Mädchen (links). Von Szene zu Szene wächst das Mädchen, bis es schließlich zur Frau geworden ist, die der Pfarrer umarmt. In diese Rahmenhandlung sind eine Reihe von Einblendungen eingebaut, die die Reaktionen in seinem Bekanntenkreis, den Klatsch der Nachbarn usw. zeigen. Durch den Kontrast dieser Szenenabschnitte zur Rahmenhandlung wird augenfällig, in welchem Maße der Tratsch die Realität verzerrt hat.

In dem Film *Die Dreyfus-Affäre* von G. Méliès werden Telephongespräche durch dreiteilige Bilder vorgeführt, die Sprecher, Hörer und die Entfernung zwischen ihnen gleichzeitig einblenden (rechts oben).

In der *Geschichte eines Verbrechens (Histoire d'un crime)* stellt F. Zecca nicht durch Überblendung, sondern einfach durch die Anordnung der Kulisse den Traum eines Verurteilten dar (unten).

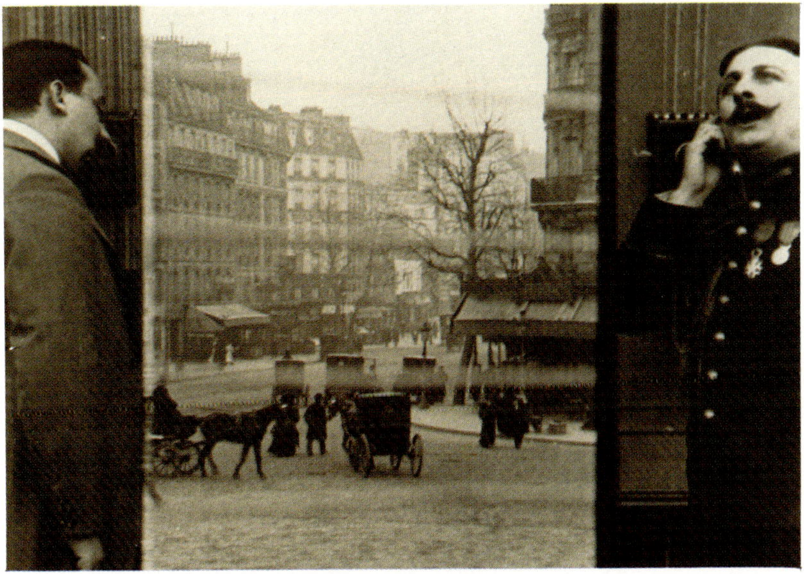

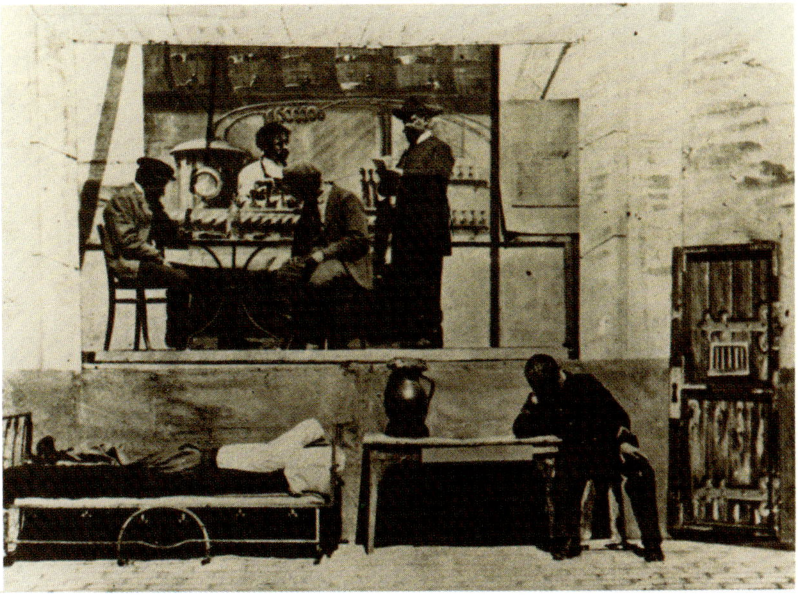

LES TRUCS DU CINEMA.
LES TRUCS DU CINEMA.
LES TRUCS DU

LANGERIE
GASTON PELLIE
LES

Rêve de trottin.

Véritable Extrait de Via

Das Trickrepertoire der Kameraleute

Für Werbefilme haben sich die Kameraleute schon in der Frühzeit des Kinos einige Tricks einfallen lassen, die hier am Beispiel einer Werbung für Liebigs Fleischextrakt in einer zeitgenössischen Broschüre erläutert werden (v. l. n. r.): „Das Eisenbahnunglück" wird mit Hilfe kleiner Modelle realisiert. „Die Sirene" zeigt eine Frau, die zu schwimmen scheint. In Wirklichkeit wurde sie mit einem Film aufgenommen, der bereits mit einer Ansicht von Fischen in einem Aquarium belichtet war. „Die Flucht der Kürbisse" zeigt im Rücklauf Kürbisse, die auf eine abschüssige Straße geworfen wurden, während der Fuhrmann rückwärts zum Pferdekarren läuft. So hat man den Eindruck, die Kürbisse rollten die Straße hinauf. In „Der Verkehrsunfall" wird ein Mann in der Unfallszene von einem Prothesenträger gedoubelt. In „Die Geschicklichkeit des Fassadenkletterers" werden lediglich die Kriechbewegungen des Schauspielers auf einer gemalten Fassade mit der Kamera von oben aufgenommen. Der Trick beim „Traum eines Dienstmädchens" besteht darin, im Hintergrund eine Öffnung anzubringen, die genau mit dem Korbdeckel übereinstimmt, und nach einem Kamerastopp durch diese Öffnung hindurch die Tänzerinnen zu filmen.

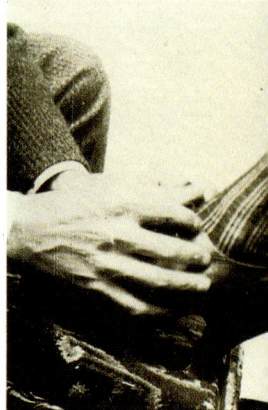

Ein Film mit mehreren Einstellungen stellt den Regisseur vor neue Probleme.

Die älteste Methode des Szenenübergangs ist die Überblendung. Das zuerst von George Méliès angewandte Verfahren wird bald von amerikanischen und französischen Regisseuren übernommen. Ab 1903 ist es nur noch selten zu sehen.

In der *Geschichte eines Verbrechens (Histoire d'un crime)* von F. Zecca und Pathé von 1901 oder im *Leben eines amerikanischen Feuerwehrmanns (The Life of an American Fireman)* von Edwin S. Porter und Edison (1903) sind alle Szenen durch Überblendungen verbunden. Méliès wird als einziger an dieser Technik festhalten.

Die Engländer führen dagegen den einfachen Schnitt zwischen zwei Einstellungen ein, was weder eine leere Leinwand noch eine abgeschlossene Handlung erfordert. So haben die beiden Filme *Haltet den Dieb! (Stop thief!)* von 1901 und *Feuer! (Fire!)*, 1902 von James Williamson gedreht, durch diese Methode eine völlig neue Wirkung. Die Handlung wird nicht kontinuierlich von einer Einstellung zur nächsten verfolgt, sondern teilweise in der zweiten Einstellung wiederholt. Die zeitliche Überschneidung, ein für die Filmstruktur des frühen Kinos typisches Verfahren, wird bei einem Orts- oder Einstellungswechsel innerhalb der gleichen Handlung eingesetzt.

George Albert Smith, ein weiterer Engländer, ist der erste, der eine Handlung in mehrere Einstellungen teilt

„Der vielleicht dramatischste Einsatz einer Nahaufnahme zur Erzielung einer voyeuristischen und erotischen Wirkung findet sich im Film *Der muntere Schuhverkäufer (The gay shoe clerk)* von Edison aus dem Jahr 1903. Auf eine Totale, die den Schuhverkäufer mit einer Kundin zeigt, folgt eine Nahaufnahme mit den Füßen der Kundin, denen der Verkäufer gerade die Schuhe anprobiert. Darauf folgt wieder die Totale, die den Verkäufer beim Küssen seiner Kundin zeigt. Der Wechsel von der Totale zur Nahaufnahme bringt das wachsende erotische Begehren zum Ausdruck, das sich zwischen den beiden Protagonisten entwickelt hat."
John Hagan

und Nahaufnahmen in Totalen einfügt. Die von einer schwarzen Abdeckung umgrenzte Nahaufnahme wird in der vorangehenden Szene durch eine Lupe, ein Teleskop oder ein Schlüsselloch angekündigt. Die Totale wechselt so mit der Nahaufnahme ab und kennzeichnet den Wechsel von einem Betrachter, der sich gerade etwas anschaut, und dem, was er betrachtet.

Nach 1903 dient das Einfügen von Nahaufnahmen nicht mehr allein der Darstellung des Betrachterstandpunkts, sondern lenkt die Aufmerksamkeit des Zuschauers

In F. Zeccas Film *Der wunderbare Friseur (The wonderful hair restorer)* folgt auf die Einstellung, in der ein Friseur den kahlen Kopf eines Mannes mit der Lupe betrachtet, eine Nahaufnahme des Schädels, die von einer schwarzen Abdeckung begrenzt wird. Diese Art der Einstellung, die zeigt, was der Schauspieler sieht, wird subjektive Kamera genannt.

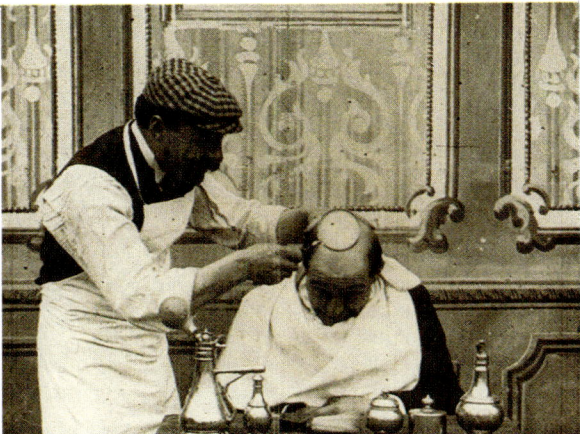

– ohne den Einsatz optischer Instrumente oder Abdek-
kungen – auf ein Detail der Handlung.

Die Einstellungswechsel erfolgen nicht immer im
gleichen Blickwinkel. In Verfolgungsfilmen gibt es Veränderungen der Blickwinkel und Kameraschwenks, um vom
Verfolgten zum Verfolger zu wechseln. Diese Techniken,
die für eine zusätzliche Dynamik sorgen, sind allerdings
nicht allzu verbreitet.

In dem Film *Die ersten
Schneebälle (Their first
snow balls)*, ein Urban-
Film von 1907, werfen in
einer Kameraeinstellung
zwei Kinder Schneebälle
gegen eine Haustür.
Nach einem Kamera-
schwenk zielen sie auf
die Linse der Kamera.

Der erste Western der Filmgeschichte wird zu einem der größten Filmerfolge zu Beginn des Jahrhunderts.

Der Film *Der große Eisenbahnraub (The Great Train Robbery)*
zeigt in bemerkenswerter Form, wie man nach einigen
Jahren Filmerfahrung eine Geschichte erzählen kann.
Edwin S. Porter verknüpft die einzelnen Szenen ohne
Überblendung mit einfachen Schnitten, die dem drama-
tischen oder logischen Ende einer Handlung folgen.
Die 14 Einstellungen des Films, insbesondere diejenigen,
die im Freien spielen, sind von ungewöhnlicher Dynamik.
Für Porter ist der außerordentliche Erfolg des Films Be-
stätigung seiner Produktionsweise, beweist er doch, daß
sich ein großes Publikum mit dieser neuen künstlerischen
Form und ihren Ausdrucksmöglichkeiten anfreunden
kann. Über die Technik und die Neuartigkeit des Mediums
hinaus weiß es das damit gebotene Erregungs- und Span-
nungspotential zu schätzen.

New York ist die
Hauptstadt des
amerikanischen Films,
und deshalb werden die
meisten Außenszenen in
New Jersey gedreht. Die
Sonne, die freie Land-
schaft und die Schön-
heit der Natur locken
die Filmteams nach
Südkalifornien. Ab 1910
siedeln sie sich in Hollywood an – ein Mythos
ist geboren.

Die Montage der Szenen mit den Missetaten der Banditen und den Vorkehrungen der Vertreter des Gesetzes
zeigt im Kern bereits eine Montagetechnik, die einige
Jahre später David Wark Griffith zur Darstellung paralleler
Handlungen und gleichzeitiger Handlungsentwicklungen
benutzen wird. Zu diesem Zeitpunkt ist Griffith allerdings

In den frühen Jahren des Films sind die zeitlichen Überschneidungen gebräuchliche „Abweichungen". Wird beim Drehen einer Verfolgung der Blickwinkel geändert, so wird das Ende der vorigen Szene am Anfang der folgenden wieder aufgenommen. Im *Kleinen Eisenbahnraub* wird die Flucht der Figur im Vordergrund zum Teil in der darauffolgenden Szene wiederholt.

noch ein armer junger Mann, der in Obdachlosenasylen schläft und davon träumt, Schriftsteller zu werden. In der Hoffnung, ein Drehbuch zu verkaufen oder eine kleine Rolle zu bekommen, sucht er sämtliche New Yorker Produktionsfirmen auf. Alle sind sich einig, daß er ein schlechter Schauspieler ist. Doch wenige Jahre später steht sein Name für den Beginn eines neuen Zeitalters der Kinematographie und des Stummfilms. Hollywood ist auch für ihn der Nährboden einer künftigen Karriere, ein Boden, der für seine Früchte berühmt wird.

Bald erwacht das sonnige, verschlafene Tal Südkaliforniens aus seinem Dornröschenschlaf und wird zum Schauplatz der größten Traumfabrik der Welt.

ZEUGNISSE UND DOKUMENTE

Entwicklung des Kinofilms in Deutschland

In dem Winter, in dem in Paris die Kinopremiere für Furore sorgte, zeigt der deutsche Erfinder Max Skladanowsky seinen ersten Film, den er mit einem Bioskop produziert hatte, im Berliner „Wintergarten". Von jetzt an tritt das Kino auch in Deutschland seinen Siegeszug an.

Anzeige der Messter-Filmgesellschaft in „Der Kinematograph" vom 11. 12. 1918

Das erste Drittel (1895 – 1928): der Stummfilm

Kinos im heutigen Sinne gibt es anfangs nicht. In einem Ladenlokal werden Bänke und Stühle aufgestellt. Da die Räume abgedunkelt und nicht belüftet werden, ist die Luft schnell schlecht. Die „Films" (sic!) projiziert man lichtschwach auf eine Leinwand von 2 x 3 m. Sie sind ein bis zwei Minuten lang und flackern häufig bei nur 18 Bildern pro Sekunde gegenüber 24 heute. „Stumm" sind diese „Bilder", doch meist begleitet sie ein Klavierspieler, der auch die Geräusche des Vorführapparats übertönt. Ein Drama in 60 Sekunden, ein aktuelles Ereignis (im Ort gerade vor zwei Tagen aufgenommen oder aus der Landeshauptstadt), eine lächerliche Szene (die falsch hingelegte Harke haut dem Dummen ins Gesicht), ein berühmter Wasserfall – das sieht man nun, als sei man selbst dabei, zwölf oder fünfzehn Szenen in einer Vorstellung. Die Sensation liegt nicht in den Inhalten der Bilder, sondern allein in ihrer Bewegtheit.

Als der Film 20 Jahre alt wird, 1915, hat sich bereits vieles geändert. Die Kinematographen-Theater tragen Namen, sind oft nur zur Vorführung von „Lichtspielen" gebaut, haben Hunderte von Sitzplätzen. Fast 2 500 Kinos gibt es in Deutschland. Vor allem in den Großstädten kann man das neue Volksvergnügen in zahlreichen großen Kinosälen erleben. Werbefilme, etwa für Knorr oder Zahnpasta, werden in den Vorführungen gezeigt, „Wochenschauen" mit neuesten Nachrichten und Sensationen. Die Spielfilme dauern eine, gar zwei Stunden.

Der „Kintop" oder „Kientopp" (wie die Berliner sagen), „der" Kino (wie nach „der Kinematograph" noch meistens gesagt wird) hat sein Unterhaltungsangebot gewandelt. Französische und englische Filme – man lebt im Krieg! – fehlen; noch vor wenigen Jahren betrug ihr Anteil über ein Drittel. Öfter sieht man Filme des verbündeten Italien und der neutralen Skandinavier und Amerikaner. 150 Mio. Kinobesucher bei fast 60 Mio. Menschen zeigen das Interesse an Zerstreuung und – über die Wochenschauen – an Information. Detektivfilme (Serienheld Stuart Webbs findet bald Nachahmer) und Soldatenfilme (*Wie Max das „Eiserne Kreuz" bekam*) sind beliebt; auch bedeutende Filme (*Der Student von Prag*) hat das neue Medium aufzuweisen. Die ersten Stars werden aus Werbegründen in Europa und den USA einem Publikum vorgestellt, das bisher weniger auf die Personen als auf die Handlung achtete.

1927 ist das Kino DAS Unterhaltungsmedium. Zwar gibt es seit 1923 den Hörfunk, doch das Fernsehen existiert noch nicht. Mehr als 120 von bald 5000 deutschen Kinos haben über tausend Sitzplätze in einem Saal, 337 Mio. Menschen besuchen die Kinopaläste im ganzen Land, junge Leute natürlich häufiger als ältere. Seit zehn Jahren gibt es die Ufa, inzwischen Deutschlands größter Kinoproduzent, Filmverleiher und Kinobesitzer, neuerdings in der Hand des ersten deutschen, stramm nationalen Medienzaren namens Hugenberg. 500 Spielfilme sind jährlich neu auf der Leinwand; ungefähr die Hälfte aus deutscher, über ein Drittel (schon damals!) aus amerikanischer Produktion. Nach amerikanischem Vorbild gibt es jetzt auch Werbevorspanne zu kommenden Filmen. Wochenschauen gibt es mehrere, doch jedes Kino spielt nur eine, daneben aber auch oft einen „Kulturfilm" mehr belehrender Art.

Berühmte Filme sind in den vergangenen Jahren entweder in Deutschland entstanden oder importiert. Chaplin ist inzwischen auch hier berühmt. Stars wie Asta Nielsen, Greta Garbo und Produktionen wie *Caligari* (1920) demonstrieren den internationalen Rang der deutschen Filmkünstler; Ernst Lubitsch geht schon 1923 nach Hollywood. Amerikanische Großfilme erzielen in Deutschland überragende Kinoeinnahmen. Die Auseinandersetzung um den sowjetischen *Panzerkreuzer Potemkin* (Sergej Eisenstein, 1925) veranschaulicht die politisch-ideologischen Gegensätze in der jungen Demokratie, die seit 1920 durch ein Lichtspielgesetz Jugendschutz und Staatsschutz verknüpft.

Das zweite Drittel (1928–1962): der „klassische" Tonfilm

Der Jazzsinger, am 23.10.1927 in New York uraufgeführt, gilt als erster Tonfilm. Am 28.02.1962 verkünden die deutschen „Jungfilmer" in Oberhausen: „Opas Kino ist tot!" Zwischen diesen beiden Meilensteinen liegt eine weitere Etappe auf dem Weg zum modernen Kino.

Der Tonfilm verlangt neue Ateliers und neue Geräte. Er kann nicht durch Zwischentitel schnell der jeweiligen Landessprache angepaßt werden; man muß „die Synchronisation" erfinden. Die Kinos müssen umbauen, sich neue Projektorgeräte zulegen. Dies alles ist (in der Wirtschaftskrise!) teuer; die Kosten für einen Spielfilm wachsen um ein Drittel. 1928 werden die ersten Tonfilme in wenigen deutschen Kinos gezeigt, erst 1935 sind alle Kinos auf Ton umgestellt. Die Zahl der Filmbesucher, 1928 mit 352 Mio. auf dem bisherigen Höhepunkt seit 1895, sinkt auf Grund der Wirtschaftskrise und erreicht erst 1936 wieder diese Höhe.

Der Stummfilm, „original" von Musikern begleitet, wird zum Sprech-, Geräusch- und Musikfilm, in dem alles Hörbare von den Filmgestaltern festgelegt ist. Nun entwickelt sich das Musical (*Die Drei von der Tankstelle*), auch wenn es 1930 noch nicht so heißt; nun wird das Inferno des Krieges laut (1930 in *Westfront 1918*); nun passen sich Tonfall und Sprechgeschwindigkeit der Situation an (*Der blaue Engel*, 1930). Und der Blinde kann allein auf Grund der Töne den Triebtäter identifizieren wie in *M – Eine Stadt sucht einen Mörder* (von Fritz Lang, 1931).

Wenige Jahre später wird alles anders. Die Großen des deutschen Films und viele weniger Prominente verlassen Deutschland. Zwölf Jahre nationalsozialistischer Filmpolitik wandeln den deutschen Film. Die Zahl der Kinos steigt zwar im Reichsgebiet bis Kriegsanfang auf 7000, die Zahl der Filmbesucher von 250 Mio. 1933 auf 1,1 Mrd. 1943 und 1944. Denn das Kino, von Hitlers Propagandaminister Joseph Goebbels zunächst nicht in erster Linie als Ort der Propaganda und Massenbeeinflussung

konzipiert, sondern mit dem Anspruch gehobener Unterhaltung und künstlerischer Ziele, gewährt den Zuschauern eine kurze Flucht aus dem wenig erfreulichen Alltag. Daneben bietet es in den neuartigen Ton-Wochenschauen scheinbar wichtige Informationen, von denen man, in den Kriegsjahren noch verstärkt, glauben sollte, daß man sie mit Augen und Ohren überprüfen könne.

Der äußere Eindruck täuschte nicht nur hier. Eine strenge Zensur sorgte dafür, daß nur genehmigte Filme und Wochenschauen an die Öffentlichkeit gelangten; eine rigorose Einfuhrkontrolle bewirkte, daß nur ausländische Filme gezeigt werden konnten, die ins nazistische Weltbild paßten. Wer dem Regime weltanschaulich nicht zuverlässig erschien, erhielt Berufsverbot; wer ihm in Politik und Propaganda hilfreich war, wurde gefördert und ausgezeichnet. Viele populäre Schauspieler wie Heinrich George, Emil Jannings, Heinz Rühmann, Hans Albers, Willy Fritsch und Schauspielerinnen wie Zarah Leander, Brigitte Horney, Lilian Harvey, Ilse Werner, Marika Rökk sorgen für volle Kassen und Zerstreuung.

Wenige Filme dieser Jahre zeichnen sich durch Qualität aus, ohne im Dienst der Propaganda oder der oft damit verbundenen Stimmungsmache zu stehen. *Amphitryon* (1935), *Münchhausen* (1943), *Romanze in Moll* (1943), *Die Feuerzangenbowle* (1944) gehören dazu. Bei anderen Filmen nutzen Gestalter und Mitwirkende ihre Fähigkeiten intensiv zur Propagierung nationalsozialistischer Ideen und Ziele: *Hitlerjunge Quex* (1933), *Triumph des*

Kino-Anzeige im Film-Kurier vom 21. 12. 1929

Willens (1935), *Jud Süß* (1940), *Wunschkonzert* (1940), *Der große König* (1942) und *Kolberg* (1945) – damals „staatspolitisch wertvoll" genannt, sind die prominentesten Beispiele dafür.

Am Ende des Zweiten Weltkriegs muß auch die deutsche Film- und Kinowirtschaft kapitulieren. Zwar können schon 1946 wieder rund tausend Kinos in allen vier Besatzungszonen Filme vorführen, und es gehen schätzungsweise 150 Mio. Deutsche ins Kino. Doch die Kinos sind nur notdürftig repariert, können nicht geheizt werden und haben nicht immer (genug) Filme. Die Filmproduktion hat keine Ateliers, die Filmschaffenden keine (Berufs-)Lizenz der Besatzungsmacht. Dann wieder fehlt

der Strom, fehlen die Requisiten, selbst das Filmmaterial steht nicht immer zur Verfügung.

Nur mühsam kommt das Filmgeschäft in Gang, zuerst in Ostdeutschland, dann im Westen. *Die Mörder sind unter uns* (Wolfgang Staudte, 1946) ist der erste deutsche, *In jenen Tagen* (Helmut Käutner, 1947) der erste westdeutsche Nachkriegsfilm; erst wird die DEFA in der Sowjetischen Zone zugelassen, dann erteilen für ihre Zone die Amerikaner, die Briten, die Franzosen Lizenzen. Die Zulassung ausländischer Filme erfolgt nur für die jeweilige Zone; jede Besatzungsmacht läßt in erster Linie die Filme des eigenen Landes zu.

Nach der Gründung der Bundesrepublik und der Deutschen Demokratischen Republik (1949) beginnen die Regierungen bald mit der Förderung der Filmproduktion, direkt durch staatliche Beteiligung im Osten, indirekt durch staatliche Bürgschaften im Westen. Das Angebot auf der Leinwand, in Ost und West immer unterschiedlicher, steigt bald auf 500 neue Filme pro Jahr im Westen und 120–140 im Osten. 1955 beläuft sich im Westen der US-Anteil am Filmangebot auf 44 %, der britische auf 5 %, der französische auf 11 % und der deutsche auf 25 %, der sowjetische beträgt in der DDR 12 %. Der Geschäftsanteil der drei westlichen Siegermächte dagegen liegt im Westen in diesem Jahr bei 31 %, bei 2 % und bei 5 %, der deutsche bei 45 %. Immer seltener sieht man in dem einen Teil Deutschlands Filme aus dem anderen Teil. Der Kalte Krieg macht sich auch hier bemerkbar.

Doch in beiden Teilen Deutschlands blüht das Filmgeschäft, das den fast 6 500 Kinos der Bundesrepublik 1956, auf dem Höhepunkt der Nachkriegszeit, 817 Mio. Zuschauer und 1957 den 1 400 Kinos östlich des Eisernen Vorhangs als dortigem Nachkriegsrekord 316 Mio. Besucher beschert. Allerdings es ist abzusehen, daß das Fernsehen, das im Osten wie im Westen zu Weihnachten 1952 mit öffentlichen Sendungen begann, bald zum großen Konkurrenten des Kinos werden wird, auch wenn in den ersten Jahren noch keine Spielfilme gesendet werden. So sind nach wie vor die Wochenschauen ein unverzichtbarer Bestandteil der Filmvorführungen: „Der Augenzeuge" im Osten, „Welt im Film", „Blick in die Welt", „Neue Deutsche Wochenschau" und „Fox Tönende Wochenschau" nach Gründung der Bundesrepublik im Westen.

Wichtige Filme aus diesen Jahren sind bei der DEFA *Rotation* (1948), *Der Untertan* (1951), *Sterne* (1959, die beiden ersten von Wolfgang Staudte, der dritte von Konrad Wolf). Im Westen waren bemerkenswert: *Film ohne Titel* (Rolf Jugert, 1948), *Des Teufels General* (Helmut Käutner, 1955), *Das Wirtshaus im Spessart* (Kurt Hoffmann, 1957), *Das Mädchen Rosemarie* (Rolf Thiele, 1958) und *Die Brücke* (Bernhard Wicki, 1959). Ein besonderer Zuschauererfolg war im Westen *Nachtwache* (1949), ein besonderer Skandal *Die Sünderin* (1951).

Hildegard Knef, Romy Schneider und Gert Fröbe sind neu auf der Leinwand und gelangen auch international zu Ruhm. Dieter Borsche und Maria Schell, Ruth Leuwerik, Horst Buchholz, Nadja Tiller und Walter Giller gehören zu den Stars des deutschen Films.

Das dritte Drittel (1962 bis heute): der „moderne" Tonfilm

1962 tritt der „Junge Deutsche Film" mit dem „Oberhausener Manifest" an die Öffentlichkeit. Schon vorher hatte in Frankreich die „Nouvelle Vague", in England das „Free Cinema", in den USA das „New American Cinema" von sich reden gemacht. 1966 kommen die ersten abendfüllenden Filme der „Oberhausener" in die Kinos.

Die Zahl der Kinos schrumpft von 1959, ihrem Höhepunkt, bis 1966 von mehr als 7 000 auf weniger als 5 000, die Zahl der Filmbesucher im Westen von 443 Mio. 1962 auf 152 Mio. 1971. Gleichzeitig wächst die Zahl zugelassener Fernsehgeräte von 6 Mio. auf 16 Mio.; seit 1963 gibt es das Zweite Deutsche Fernsehen, seit 1967 auch Sendungen in Farbe und pro Tag ungefähr einen Spielfilm im Programm. 1967 entsteht ein Filmförderungsgesetz (FFG), das über eine „Filmförderungsanstalt" (FFA) dem deutschen Film bis zur Gegenwart aus Abgaben der beteiligten Wirtschaftszweige wirtschaftliche Hilfe gewährt. Weder „die Jungfilmer" noch „die FFA" haben aber in den Folgejahren dem deutschen Film aus der wirtschaftlichen Bedrängnis oder zu internationaler Bedeutung verhelfen können.

Im deutschen Film, der vor 1959 einen Einnahmeanteil von über 45 % hatte und 1962–1967 bei rund 25 % liegt, sind in diesen Jahren unterhaltende Serien erfolgreich: Karl May wird 17mal zwischen 1962 und 1968

Auch in Deutschland ein Riesenerfolg:
„Vom Winde verweht" nach dem Roman von
Margaret Mitchell aus dem Jahr 1939

verfilmt, Edgar Wallace 34mal zwischen 1959 und 1972.

Zur Sache Schätzchen wird 1969 zum Sinnbild für einen neuen unkonventionellen Film. Mit dem „Goldenen Löwen" des Venedig-Festivals für einen anderen Film wird die neue Entwicklung in Deutschland geadelt. *Abschied von gestern* (Alexander Kluge, 1966), *Der junge Törleß* (Volker Schlöndorff, 1966) und *Katzelmacher* (Rainer Werner Fassbinder, 1969) beginnen neue Karrieren. Den Aufbruchjahren (mit „neuen" Schauspielerinnen wie Uschi Glas und Hanna Schygulla) folgen Höhepunkte in den folgenden Jahren: neue Fassbinder-Filme (*Angst essen Seele auf,* 1974), Wim Wenders als

neues Regietalent (*Falsche Bewegung,* 1975), politische Auseinandersetzungen um *Deutschland im Herbst* (1978), „Oscar" und „Goldene Palme" für die *Blechtrommel* (1979). Unmerklich aber wird aus dem Aufbruch zum „neuen" Film eine Modernisierung des alten Erzählkinos.

Da in fast allen deutschen Haushalten inzwischen ein Fernsehapparat steht, zeigen die Kinos nun auch keine Wochenschau mehr. 1977 steigt erstmals seit 1956 der Filmbesuch wieder an (von 115 auf 124 Mio.); er bleibt auf diesem Niveau bis heute. Die Übermacht vor allem des US-Films ist deutlich und wächst: Haben deutsche Neuproduktionen 1972 noch einen Anteil von 25 % am Angebot und 33 % am Einspiel, so sind es 1983 weiterhin 25 % gegenüber nur noch 14 % und 1994 immer noch 25 % gegen nun 7 %; im gleichen Maße steigt der US-Anteil von 33 % über 40 % auf 66 %.

Filme wie *Das Boot* (1981) und *Die unendliche Geschichte* (1984) markieren den Erfolg des neuen Erzählkinos, die *Otto*-Filme profitieren davon. Drei, ja vier Millionen Besucher, wie 1994 *Der bewegte Mann* bewiesen hat, bringt ein erfolgreicher deutscher Film gegenwärtig in die Kinos; 90 % und mehr liegen bei weniger als einer Viertel Million Zuschauer, was allerdings auch in anderen Filmländern üblich ist. Die zwölf Anfang 1995 betriebenen sogenannten Multiplexe haben an der gesamten Besucherzahl wenig geändert. Mit ihren 17 bis 18 Sälen unter einem Dach, ihren Platzangeboten von 1500 bis über 4000 Sitzen, ihrer vorzüglichen technischen und atmosphärischen Ausstattung, ihren Serviceeinrichtungen sind sie eine erhebliche Konkurrenz für alle anderen Filmtheater, konnten aber den Markt seit der ersten Eröffnung 1990 nicht vergrößern.

Die Vereinigung von Ost- und Westdeutschland hat größere Auswirkungen gehabt. Zwar sank der Kinobesuch in den neuen Länder von 1990 – 1992 beträchtlich, wuchs aber von 1993 bis 1994 erheblich. Insgesamt sind im Osten mehr als zwölf Millionen Zuschauer in jedem dieser Jahre zu verzeichnen. Ein vermehrter Kinobesuch – wie immer: bei den Jüngeren stärker als bei Älteren, in Großstädten häufiger als in kleineren Orten, bei höherem Einkommen eher als bei geringem! – ist dort durch den Nachholbedarf bei internationalen wie bei deutschen Produktionen bedingt, aber auch durch die erneute Begegnung mit den bereits von früher bekannten Filmen der vormaligen kommunistischen Länder.

Das Kinoangebot bestand in der DDR hauptsächlich aus Produktionen der östlichen Länder, sorgfältig ausgewählten Westproduktionen und 15 bis 20 eigenen Filmen. Die Produktionen der DEFA wurden bis ins einzelne während ihrer gesamten Entstehung diskutiert und überprüft; als dies Mitte der sechziger Jahre gelockert wurde, verfiel 1966/67 fast eine ganze Jahresproduktion dem Verbot. *Nackt unter Wölfen* (Frank Beyer, 1962), *Der geteilte Himmel* (Konrad Wolf, 1964), *Das Kaninchen bin ich* (Werner Maetzig, 1965/1990), *Spur der Steine* (Frank Beyer, 1966/1990), *Die Legende von Paul und Paula* (Heiner Carow, 1972), *Jakob der Lügner* (Frank Beyer, 1974), *Die Leiden des jungen Werthers* (Egon Günther, 1976) und *Solo Sunny* (Konrad Wolf, 1979) stehen für eine Produktion von rund 720 Spielfilmen, die 1946 bis 1990 entstanden und nur teilweise in Westdeutschland liefen.

Gerd Albrecht

Die Macht der Bilder

Von seinem ersten Kontakt mit einer Kinoleinwand, von der Faszination, die von den überdimensionalen bewegten Bildern ausgeht, kann wohl jeder etwas erzählen. Was ist es, das das Kinopublikum mehr als 100 Jahre in den Bann gezogen hat und noch zieht? Worauf beruht die Macht der Bilder?

Buster Keaton (um 1933)

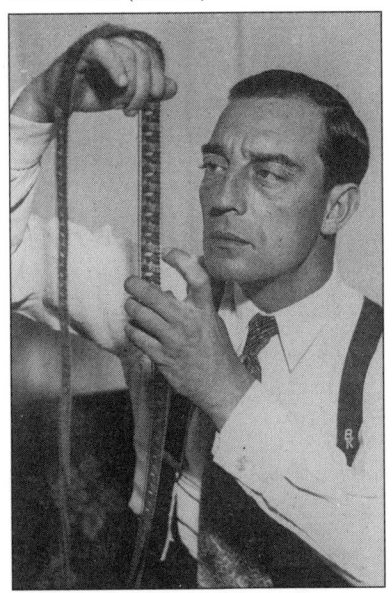

Kathedralen der Kindheit

Wenn sich der amerikanische Schriftsteller John Updike an die ersten Kinoerlebnisse seiner Kindheit erinnert, dann wird ein Stück jener Magie wieder lebendig, die das Kino noch vor der Erfindung des Fernsehens besaß.

In mancher amerikanischen Innenstadt kann man sie noch entdecken, sie am Vordach erkennen, das nackt und unpassend auf den Bürgersteig hinausragt, weil nicht mehr der neueste Film angekündigt wird. Drinnen haben sie alle dieses ungünstige Gefälle des Bodens und eignen sich deshalb schlecht zur Umwandlung in Verkaufsräume für beispielsweise Möbel oder Motorräder. Das Copley an der Essex Street, einer der schönsten alten Kinopaläste in Boston, verwandelte sich in eine riesige Waterstone-Buchhandlung, und aus dem Kino in meiner Heimatstadt Shillington in Pennsylvania wurde die Kirche einer christlichen Sekte. Die neueren protestantischen Kirchen gehören zu den wenigen Interessenten, die sich für diese verlassenen Traumtheater noch finden, deren Geräumigkeit und elegante Dekoration einmal dafür gedacht war, selbst eine religiöse Stimmung zu erzeugen.

Meine Eltern nahmen mich schon mit, als ich erst drei Jahre alt war. Ich saß zwischen ihnen, und zu meiner unvergeßlichen Beschämung klebte ich ein Stück Kaugummi auf den Sitz neben mir, auf dem mein Vater saß, und ruinierte damit die Hosen seines Anzugs, wo er doch kaum das Geld hatte, sich einen neuen zu leisten. Aber nicht einmal

wir waren in jenen Jahren der Wirtschaftskrise so arm, daß wir uns die
Kinokarte nicht hätten leisten können, und meine Eltern, selbst bereits
Mitte 30, gingen oft hin und hielten
im Dunkeln Händchen. [...]

Das Kino befand sich nur zwei
Straßen weiter, und seit ich sechs war,
durfte ich allein dorthin. In vieler
Hinsicht war ich weniger auf Abenteuer aus als meine Klassenkameraden
und sah deshalb mehr Filme als die
meisten von ihnen. Ich konnte sie
daher mit Schilderungen der montags
und dienstags laufenden Doublefea-
tures aus B-Filmen, Western sowie
Komödien mit romantischen Stumm-
filmstars wie Adolphe Menjou und
ZaSu Pitts unterhalten.

Einmal erzählte ich in der Schule
– ich glaube, es war in der zweiten
Klasse – von einer komischen Tür, die
meine Familie in die Haustür gesägt
hätte, damit unser Hund jederzeit ein-
und ausgehen könnte. Wir hatten
keine solche magische Tür in der Tür;
ich hatte sie in einem Film gesehen.
Vielleicht hatte meine Lehrerin den-
selben Film gesehen, denn noch während ich davon erzählte, wurde mir
ihr amüsierter Zweifel bewußt. Der
Inhalt von Filmen und mein Leben
waren so sehr miteinander verwoben,
daß ich in meiner begeisterten Nach-
erzählung dieses Bildes nicht mehr
genau wußte, wo die Wahrheit auf-
hörte.

Echter als echt, wahrer als wahr –
so drängten sich mir die Filme auf, bis
ich 12 oder 13 war. Das kleine Kino,
das einfach nur Shillington hieß, sorgte
für großzügigen Nachschub an Holly-
wood-Kost – das Programm wechselte
dreimal die Woche und bestand normalerweise aus einem Doublefeature.
Ein Zeichentrickfilm, die Wochenschau und eine Reisegeschichte oder
ein lustiger Vorfilm verlängerten den
90minütigen Hauptfilm auf beinah
zwei Stunden Verzauberung. Am
liebsten saß ich links in der hinteren
Reihe, und mein Streben nach Ruhm
äußerte sich schon ziemlich früh in
einem besonders lauten, herzhaften
Lachen, auf das ich am nächsten Tag
von den anderen Zuschauern regelmäßig angesprochen wurde.

Mit meinen kurzen Hosen und
dem jugendhaften Haarschnitt erschien ich ja nicht nur als Konsu-
ment, sondern war gleichzeitig ein
Darsteller, eine Persönlichkeit, John
Updike, der Sohn des Mathematik-
lehrers, der, wenn er an der Kasse
bezahlte, hereinkam, sich hinsetzte
und wieder ging, selbst etwas von der
Geschmeidigkeit eines George San-
ders als Heiliger oder als Falke hatte
oder einen Errol Flynn als Robin
Hood oder eines Humphrey Bogart
als Philip Marlowe, Privatdetektiv.

Damals glaubte ich, aus mir
müßte ein Privatdetektiv werden,
wenn ich groß wäre, und wenn nicht,
dann wenigstens ein Testflieger, auch
eine Art Held, der gelassen am Rand
der Auslöschung lebt, ein romanti-
sches Vorbild, das mit dem Beginn
des Zweiten Weltkriegs aufgekommen
war. Denn was lehrte das Kino einen
kleinen amerikanischen Jungen, wenn
nicht ritterlichen Stoizismus und
todesverachtende Geschicklichkeit,
ganz gleich ob im Kostüm eines Cow-
boys oder eines Piloten, eines Ritters
in schimmernder Wehr oder eines
Playboys im Frack wie Cary Grant
und Ralph Bellamy?

Das Luisen-Kino, eines der frühesten Kinos Berlins, zog mit seinen Kindervorstellungen auch das jüngste Publikum an (Photo, um 1910).

Außerdem lernten wir küssen und rauchen – oder zumindest sahen wir, wie diese beiden oralen Betätigungen von riesenhaften Lippen in Schwarzweiß auf der Leinwand ausgeführt wurden. Als es dann für uns soweit war, erlebten wir Geschmacks- und Schwindelgefühle, von denen uns das Kino nichts erzählt hatte.

Als ich größer wurde, wollte ich dann unbedingt Trickzeichner werden. Selbst von Bild zu Bild für Bewegungen zu sorgen, war gottgleich und entsprach sowohl dem grenzenlosen Egoismus des kleinen Jungen, der im Kino saß, wie seiner dunklen Leidenschaft für Ordnung und Schemata. Ich war vier Jahre jünger als Micky Maus

und gerade alt genug, um 1937 bei den ersten Vorführungen von *Schneewittchen und die sieben Zwerge* dabeizusein. Seither habe ich mir selten einen Disney-Zeichentrickfilm entgehenlassen, obwohl es mir, seit meine Haare grau geworden sind, zunehmend peinlich wird, allein hinzugehen.

Die frühen und immer noch besten Filme – *Pinocchio, Fantasia, The Reluctant Dragon, Dumbo* und *Bambi* – sah ich unter Idealbedingungen, als staunendes Kind. Als Jugendlicher erlebte ich, wie die Filme aus den Kriegsjahren, *Drei Caballeros* zum Beispiel oder *Make Mine Music*, allmählich schwächer wurden, weil der Zeichentrick seinen Reiz und seine ursprüngliche Unschuld verlor.

Eine Freundin aus der Highschool ließ sich mit in *Alice im Wunderland* nehmen, der mit seinem Gewirr von Farben und Linien meinen Augen weh tat, und als das *Dschungelbuch* herauskam, konnte ich mit meinen eigenen Kindern hingehen, obwohl die sechziger Jahre sonst für die Kunst des Zeichentrickfilms magere Zeiten waren. Inzwischen können mich meine Enkelkinder in *Arielle – Die Meerjungfrau*, *Die Schöne und das Biest* und *Aladdin* begleiten, in denen die ehrwürdige Kunst des Zeichentricks, nur inzwischen wildgeworden und hochgezüchtet, eine Art Renaissance erlebt.

Das Wunder des Zeichentrickfilms liegt in der Möglichkeit, aus einem Strich eine ganze Welt zu erschaffen, die sich von den tödlichen Gesetzen der Schwerkraft freimacht; enttäuschend wird es erst, wenn die Welt, die damit beschworen wird, auf so banale Weise unserer eigenen ähnelt und unter der Last aller Klischees der Realität erdrückt wird. Als ich alt genug war, um mich bei den Disney-Studios um eine Stelle zu bewerben, hatte der Zeichentrickfilm seine beste Zeit bereits hinter sich – wie so viele andere Hollywoodunternehmungen bedurfte auch diese der niedrigen Löhne der Depressionsjahre, um sich überhaupt zu rechnen.

Seit Mitte der fünfziger Jahre verloren die Kinos in der Innenstadt ihre Kunden an die Fernsehgeräte, die sich plötzlich in den amerikanischen Wohnzimmern breitmachten. Womöglich ziehen die Konsumenten aus ungezählten Stunden mit Sitcoms und Infotainment – eigentlich auch nicht viel primitiver oder mechanischer als das durchschnittliche alte Hollywoodzeug – den gleichen erzieherischen und inspirierenden Gewinn, der mir einst zuteil wurde. Aber ich habe meine Zweifel.

Um ins Kino zu kommen, mußte man das Haus verlassen; im dunklen Kino erlebte man den Film gemeinsam, er war eine Art soziales Ereignis. Allein schon die Ausstattung der Kinos, ihre verspiegelte und vergoldete Pracht, das phantastische Dekor wie aus Tausendundeiner Nacht, die palastähnliche Großräumigkeit versetzten die Männer und Frauen der tristen amerikanischen Groß- und Kleinstädte aus ihrem Alltag in einen übernatürlichen Zustand.

Wir alle bemühten uns, so gut es eben ging, es den Stars gleichzutun – uns genauso gut anzuziehen, so tapfer zu sein wie sie, so vollkommen zu lieben. Kein Wunder, daß sich heute so viele leere Kinos in Kirchen verwandelt haben. Einst haben wir dort angebetet. Selbst der ganz normale, für den Massengeschmack gefertigte Film, er mag häufig schäbig und dämlich gewesen sein, erlaubte es, daß sich der große Glanz ausbreitete.

Inmitten der irrwitzigen Fülle, des wöchentlichen Durcheinanders gab es immer wieder kinematographische Kunst, die uns ebenso tief bewegte und verwandelte wie die besten Gemälde, die edelsten Musikstücke, die schönsten Gedichte.

Das Kino war unsere amerikanische Oper, ein edler Bastard.

John Updike

Der Ersatz für die Träume

Der österreichische Schriftsteller Hugo von Hofmannsthal (1874–1929) gehört zu denjenigen Künstlern, die sowohl Literatur, Theater als auch Film als Medium zu nutzen wußten. So verfaßte er zahlreiche Stücke für die Oper und das Theater. Auch der Kinofilm erregte seine Aufmerksamkeit, war ihm doch bewußt, welche Faszination von den bewegten Bildern ausging. Sein Essay zum Kino wurde 1921 veröffentlicht, also zu einer Zeit, als auch sein Zeitgenosse Sigmund Freud die Bedeutung von Traumbildern betonte.

Was die Leute im Kino suchen, sagte mein Freund, mit dem ich auf dieses Thema kam, was alle die arbeitenden Leute im Kino suchen, ist der Ersatz für die Träume. Sie wollen ihre Phantasie mit Bildern füllen, starken Bildern, in denen sich Lebensessenz zusammenfaßt; die gleichsam aus dem Innern des Schauenden gebildet sind und ihm an die Nieren gehen. Denn solche Bilder bleibt ihnen das Leben schuldig. – (Ich rede von denen, die in den Städten oder großen zusammenhängenden Industriebezirken wohnen, nicht von den andern, den Bauern, den Schiffern, Waldarbeitern oder Bergbewohnern.) – Ihre Köpfe sind leer, nicht von Natur aus, eher durch das Leben, das die Gesellschaft sie zu führen zwingt.

Da sind diese Anhäufungen von kohlengeschwärzten Industrieorten, mit nichts als einem Streifchen von verdorrtem Wiesengras zwischen ihnen, und den Kindern, die da aufwachsen, von denen unter sechstausend nicht eines im Leben eine Eule gesehen hatte oder ein Eichhörnchen oder eine Quelle, da sind unsere Städte, diese endlosen einander durchkreuzenden Häuserzeilen; die Häuser

Dreharbeiten zu einem Stummfilm in Kalifornien, um 1918

sehen einander ähnlich, sie haben
eine kleine Tür und Streifen von
gleichförmigen Fenstern, unten sind
die Läden; nichts redet zu dem, der
vorüberkommt, oder der ein Haus
sucht: das einzige, was spricht, ist
die Nummer. So ist die Fabrik, der
Arbeitssaal, die Maschine, das Amt,
wo man Steuer zahlen oder sich mel-
den muß: nichts davon bleibt haften
als die Nummer. Da ist der Werktag:
die Routine des Fabriklebens oder
des Handwerks; die paar Handgriffe,
immer die gleichen; das gleiche Häm-
mern oder Schwingen oder Feilen
oder Drehen; und zu Hause wieder:
der Gaskocher, der eiserne Ofen, die
paar Geräte und kleinen Maschinen,
von denen man abhängt, auch das
durch Übung so zu bewältigen, daß
schließlich der, der sie immer wieder
bewältigt, selber zur Maschine wird,
ein Werkzeug unter Werkzeugen.

Davor flüchten sie zu unzähligen
Hunderttausenden in den finstern
Saal mit den beweglichen Bildern. Daß
diese Bilder stumm sind, ist ein Reiz
mehr; sie sind stumm wie Träume.
Und im Tiefsten, ohne es zu wissen,
fürchten diese Leute die Sprache; sie
fürchten in der Sprache das Werkzeug
der Gesellschaft. Der Vortragssaal ist
neben dem Kino, das Versammlungs-
lokal ist eine Gasse weiter, aber sie
haben nicht diese Gewalt. Der Eingang zum Kino zieht mit einer Gewalt
die Schritte der Menschen an sich, wie
– wie die Branntweinschränke: und
doch ist es etwas anderes. Über dem
Vortragssaal steht mit goldenen Buchstaben: „Wissen ist Macht", aber das
Kino ruft stärker: Es ruft mit Bildern.

Die Macht, die ihnen durch das
Wissen vermittelt wird, – irgend etwas

**Weltpremiere des Films „Vom Winde ver-
weht" am 15.12.1939 in Loew's-Grand-Kino
in Atlanta**

ist ihnen unvertraut an dieser Macht,
nicht ganz überzeugend; beinahe
verdächtig. Sie fühlen, das führt nur
tiefer hinein in die Maschinerie und
immer weiter vom eigentlichen Leben
weg, von dem, wovon ihre Sinne und
ein tieferes Geheimnis, das unter den
Sinnen schwingt, ihnen sagt, daß es
das eigentliche Leben ist. [...] Diese
Sprache der Gebildeten und Halbge-
bildeten, ob gesprochen oder geschrie-

ben, sie ist etwas Fremdes. Sie kräuselt die Oberfläche, aber sie weckt nicht, was in der Tiefe schlummert. [...] All dies läßt eher eine Verzagtheit zurück, und wieder dies Gefühl, der ohnmächtige Teil einer Maschine zu sein, und sie kennen alle eine andere Macht, eine wirkliche, die einzige wirkliche: die der Träume. Sie waren Kinder und damals waren sie mächtige Wesen. Da waren Träume, nachts, aber sie waren nicht auf die Nacht beschränkt; sie waren auch bei Tag da, waren überall: eine dunkle Ecke, ein Anhauch der Luft, das Gesicht eines Tiers, das Schlürfen eines fremden Schrittes genügte, um ihre fortwährende Gegenwart fühlbar zu machen. [...] Es ist der ganze Mensch, der sich diesem Schauspiel [des Kinos] hingibt; nicht ein einziger Traum aus der zartesten Kindheit, der nicht mit in Schwingung geriete. Denn wir haben unsere Träume nur zum Schein vergessen. Von jedem einzelnen von ihnen, auch von denen, die wir beim Erwachen schon verloren hatten, bleibt ein Etwas in uns, eine leise, aber entscheidende Färbung unserer Affekte, es bleiben die Gewohnheiten des Traumes, in denen der ganze Mensch ist, mehr als in den Gewohnheiten des Lebens, all die unterdrückten Besessenheiten, in denen die Stärke und Besonderheit des Individuums sich nach innen zu auslebt. Diese ganze unterirdische Vegetation bebt mit bis in ihren dunkelsten Wurzelgrund, während die Augen von dem flimmernden Film das tausendfältige Bild des Lebens ablesen. [...]

Ich weiß, schloß mein Freund, daß es sehr verschiedene Weisen gibt, diese Dinge zu betrachten. Und ich

weiß, es gibt eine Weise, sie zu sehen, die legitim ist von einem anderen Standpunkte aus, und die nichts anderes in alledem sieht als ein klägliches Wirrsal aus industriellen Begehrlichkeiten, der Allmacht der Technik, der Herabwürdigung des Geistigen und der dumpfen, auf jeden Weg zu lockenden Neugierde. Mir aber scheint die Atmosphäre des Kinos die einzige Atmosphäre, in welcher die Menschen unserer Zeit – diejenigen welche die Masse bilden – zu einem ungeheuren, wenn auch sonderbar zugerichteten geistigen Erbe in ein ganz unmittelbares, ganz hemmungsloses Verhältnis treten, Leben zu Leben, und der vollgepfropfte halbdunkle Raum mit den vorbeiflirrenden Bildern ist mir, ich kann es nicht anders sagen, beinahe ehrwürdig, als die Stätte, wo die Seelen in einem dunklen Selbsterhaltungsdrange hinflüchten, von der Ziffer zur Vision.

Hugo von Hofmannsthal:
Der Ersatz für die Träume (1921)

Das Kino und seine Stars

Was wäre das Kino ohne seine Stars, was die Leinwand ohne ihre Ikonen? Von der Filmdiva zum Serienhelden sind sie es schließlich, die uns zum Lachen oder Träumen bringen. Zu denen, die als erste mit dem neuen Medium Weltruhm erlangten, gehören Charlie Chaplin und Asta Nielsen.

Das Buch des ungarischen Dichters und Filmtheoretikers Béla Balázs (1884– 1949) mit dem Titel „Der sichtbare Mensch" gehört zu den ersten und bis heute wichtigen Büchern über Filmgestaltung. Aus dem bereits 1924 publizierten Werk stammen auch die beiden folgenden Ausführungen zu den großen Stars des frühen Kinos, Charlie Chaplin und Asta Nielsen.

Chaplin, der amerikanische Schildbürger

Über keinen Filmkünstler ist jemals mehr geschrieben worden als über Charlie Chaplin (1889–1977). Als Schauspieler, Produzent und Drehbuchautor prägte er in seinen frühen Jahren die Slapstick-Komödie mit der für ihn typischen unnachahmlichen Situationskomik.

Er wackelt auf seinen verträumten Plattfüßen wie ein Schwan auf dem Trockenen. Er ist nicht von dieser Welt und wirkt vielleicht nur in dieser lächerlich. Die Wehmut eines verlorenen Paradieses dämmert hinter der Komik seines Jammers. Er ist wie ein ausgestoßenes Waisenkind unter fremden und unverwandten Dingen und kennt sich nicht aus. Er hat ein rührendes, verwirrtes Lächeln, das um Entschuldigung bittet, daß er lebt. Doch wenn seine unbeholfene Schwäche unser Herz schon ganz für sich gewonnen hat, dann stellt es sich heraus, daß diese Plattfüße einem verteufelt geschickten Akrobaten gehören, sein verlorenes Lächeln

This is the great picture upon which the famous comedian has worked a whole year.

6 reels of Joy.

Charles Chaplin in "THE KID"

Written and directed by Charles Chaplin
A First National ® Attraction

Charlie Chaplin als Boxer in dem Film „The Champion"

zugleich verschmitzt und seine Naivität mit genialer Schlauheit begabt ist. Er ist der Schwache, der nicht unterliegt. Er ist der dritte, der jüngste Sohn des Volksmärchens, den alle verachtet haben und der zuletzt doch König wird. Das ist das Rätsel der tiefen Freude und Genugtuung, die seine Kunst den Völkern aller Länder gibt. Er spielt die siegreiche Revolution der „Erniedrigten und Beleidigten".

Chaplins Kunst ist Volkskunst im besten Sinne alter Volksmärchen. (Schon längst trat der Film an Stelle der alten Volkspoesie.) Seine Scherze haben eine verzwickte Technik, aber keine komplizierte Psychologie. Er spielt die naive Komik der unmittelbaren, primitiven Lebensmomente. Denn seine Feinde sind die Dinge. Er hat es immer mit den gewöhnlichsten Gebrauchsgegenständen der Zivilisation zu tun. Die Türe und die Treppe, der Sessel und der Teller und überhaupt alle Werkzeuge des Alltags werden ihm zu schwierigen Problemen. Er steht ihnen wie ein Schlemihl, der aus dem Urwald kam, gegenüber, und behandelt sie ganz anders wie sonst normale Stadtleute. Chaplin ist unpraktisch – und darüber lachen die Amerikaner. Doch Amerika ist nicht bloß ein Erdteil, sondern ein Lebensprinzip, das auch uns Europäer beherrscht. Auch für uns gibt es nichts Groteskeres als den Fremdling, der unsere Sachen und Werkzeuge unrichtig behandelt. Aber diese Komik ist zweischneidig. Auch jene Sachen und Werkzeuge werden dabei entlarvt.

Der unpraktische Chaplin der modernen amerikanischen Volkspoesie ist eben der amerikanische Schildbürger. Die Märchen von den dummen Bauern, die das Sonnenlicht in Säcken in die fensterlose Kirche tragen wollten, waren Ausdruck eines agrarischen Bauernhumors. Nun, Chaplin als Pfandleiher untersucht die zum Versetzen gebrachte Uhr mit dem Stethoskop und macht sie dann mit dem Konservenöffner auf. Das ist die Schildbürgerkomik der industriellen Großstadt.

Doch Chaplin ist zwar unpraktisch, aber ungeschickt ist er gar nicht. Im Gegenteil. Ein Akrobat kämpft da mit den ihm dämonisch unbekannten, fremden Dingen der Zivilisation, so daß dieser Kampf zu einem aufregenden, heroischen Duell wird, in dem Chaplin doch immer siegt. Und dies ist das Bedeutendste an seiner Kunst, das ist das Wesentliche, daß er eine einfältige Natürlichkeit einer raffinierten Künstlichkeit gegenüberstellt, aber immerhin Natur gegen Zivilisation. In seinem schwierigen, aber siegreichen Kampf gegen die Gebrauchsgegenstände liegt eine groteske und spöttische Empörung gegen unsere naturfremde Werkzeugzivilisation überhaupt. Das Rührend-Menschliche seiner ganzen verträumten Einfältigkeit besteht darin, daß es ein kindlich-ursprüngliches Menschentum inmitten einer [...] maschinentoten Zivilisation darstellt. Bei diesem plattfüßigen Akrobaten, verschmitzten Schlemihl, schlauen Tölpel hat man auch bei dem größten Unsinn, den er treibt, immer die Empfindung, daß er irgendwie, irgendwo doch recht hat.

Béla Balázs:
Der sichtbare Mensch
(1924)

Asta Nielsen, der erste europäische Filmstar

Die in Kopenhagen geborene Schauspielerin Asta Nielsen (1881–1972) ist eine der ersten europäischen Filmstars und gab dem Stummfilm eine besondere Prägung. In den fast 70 Filmen, in denen sie mitspielte, demonstrierte sie eine ungeheure Vielfalt ihres Repertoirs. Nicht zuletzt aufgrund ihrer überzeugenden Leistung bewirkte sie auch, daß der Film in Deutschland als ernstzunehmende Kunst anerkannt wurde.

Asta Nielsen, die Diva des Stummfilms (Photo, um 1920)

Wenn man schon verzweifeln möchte an der Berufenheit des Films, eine eigene, wirkliche Kunst zu werden, die würdig ist, daß sie eine zehnte Muse auf dem Olymp vertritt, wenn es einem fast selbst schon so vorkommt, als wenn der Film nur ein verkrüppeltes Theater wäre und sich zu diesem verhielte wie die photographische Reproduktion zum Ölgemälde, ja, wenn man zu zweifeln anfängt, dann ist es doch nur die Asta Nielsen, die einem Glauben und Überzeugung wiedergibt.

Da spielt sie zum Beispiel Liebe und Liebelei in einem Film, der schon darum kein photographischer Nachguß eines Bühnendramas sein kann, weil er gar keinen bühnenfähigen Inhalt hat. Der von Jessner inszenierte *Erdgeist*-Film hat sich alles Literarischen entledigt. Es ist überhaupt kein Drama. Es ist ein großartiges Gebärdenspiel der Erotik.

Der einzige Inhalt dieses Films ist, daß Asta Nielsen mit sechs Männern kokettiert, flirtet, liebelt und sie verführt. Der Inhalt dieses Films ist die erotische Ausstrahlung dieser Frau, die uns hier das große, vollständige Gebärdenlexikon der sinnlichen Liebe gibt. (Vielleicht ist das sogar die klassische Form der Filmkunst, wo keine „Handlung" mit äußeren Zwecken die Gebärden hervorruft, sondern jede Gebärde nur Gründe hat und darum nach innen deutet.) Nun ist aber die Erotik – hier wird es klar – das eigenste Filmthema, der Filmstoff an sich. Erstens darum, weil es immer, zumindest immer auch ein körperliches Erleben, also sichtbar ist. Zweitens gibt es nur in der Erotik eine restlose Möglichkeit des stummen Verständnisses. Ein Dialog der Verliebten kann nur mit den Augen geführt werden, ohne daß etwas ungesagt bleibt, und die plumpen Worte würden nur stören. Minnespiel und Mienenspiel waren von jeher Schwestern.

Die Variabilität der Gebärden, der Reichtum an mimischen Ausdrükken sind bei Asta Nielsen betäubend. Der große Wortschatz gehört bei Dichtern zum Zeichen ihrer Größe. Shakespeare wird nachgerühmt, daß er 15 000 Wörter verwendete. Wenn mit Hilfe der Kinematographie einmal unser erstes Gebärdenlexikon zusammengestellt sein wird, kann erst der Gebärdenschatz Asta Nielsens ermessen werden.

Der besondere künstlerische Wert der Asta-Nielsen-Erotik besteht aber darin, daß sie durchaus vergeistigt ist. Die Augen sind es hier vor allem, nicht das Fleisch. Ihre abstrakte Magerkeit ist ein einziger zuckender Nerv mit einem verzerrten Mund und zwei brennenden Augen. Sie ist nie entkleidet, sie zeigt nicht ihre Schenkel wie Anita Berber (wobei zwischen Gesicht und Hintern kaum zu unterscheiden ist), und doch könnte dieses tanzende Laster zu Asta Nielsen in die Schule gehen. Sie ist mit ihren Bauchtänzen ein Lamm gegen die angekleidete Asta Nielsen. Denn diese kann obszöne Entblößung schauen und sie kann lächeln, daß der Film von der Polizei als Pornographie beschlagnahmt werden müßte. Diese spiritualisierte Erotik ist das Gefährlich-Dämonische, weil sie durch alle Kleider hindurch fernwirkend ist.

Und darum wirkt Asta Nielsen nie geil. Sie hat immer etwas Kindliches. Aber in dieser Rolle, wo sie doch eine Dirne spielt, die im Moment, da sie Oberhand gewinnt, sofort beobachtend, berechnend wird, in dieser Dirnenrolle wirkt ihre Naivität schon

pflanzenhaft. Sie ist nicht unmoralisch, sondern eine gefährliche Naturgewalt und unschuldig wie ein Raubtier. Sie frißt die Männer nicht mit böser Absicht, und ihr Abschiedskuß (sie küßt den Mann, den sie erschossen hat) ist rührender als alle Tränen verlassener Filmjungfrauen. [...]

Asta Nielsens Mienenspiel ahmt, wie das der kleinen Kinder, während des Gesprächs die Mienen des anderen nach. Ihr Gesicht trägt nicht nur den eigenen Ausdruck, sondern kaum merklich (aber immer fühlbar) reflektiert sich darin wie in einem Spiegel der Ausdruck des anderen. [...]

Sie spielte einmal Hamlet und trat im vorletzten Akt mit der regungslos-apathischen Maske der Melancholie vor den hohen Thron des Norwegerkönigs Fortinbras. Dieser erkennt in Hamlet den alten Kameraden und kommt mit ausgebreiteten Armen, lächelnd auf ihn zu. Großaufnahme von Asta Nielsens Gesicht. Sie schaut ihn, den sie nicht erkennt, mit leeren Augen, verständnislos an. Ihre Lippen ahmen mit einer sinnlosen Grimasse das Lächeln des Nahenden nach. Das Gesicht Fortinbras' ist an dem ihrigen wie in einem Spiegel zu erkennen. Sie nimmt das Gesicht auf, es taucht in ihr unter, kehrt als erkanntes wieder, und das Lächeln, das nur eine von außen aufgedrückte Maske war, wird von innen allmählich durchwärmt und wird zu lebendigem Ausdruck. Das ist ihre ganz eigene Kunst.

Béla Balázs:
Der sichtbare Mensch
(1924)

Filmwirtschaft und Kulturpolitik

Da gerade der Film ein Publikumsmagnet ist, besitzt er auch ein beträchtliches Potential zur Meinungsbildung. So liegt es nahe, daß sich der Staat dieses Mediums als eines wirkungsvollen Mittels zur Beeinflussung der öffentlichen Meinung bedient. Zensur und Filmförderung sind die beiden Zügel, mit denen er die Filmproduktion zu kontrollieren sucht.

Propagandaminister Joseph Goebbels

Goebbels Rede im Kaiserhof

Joseph Goebbels (1897–1945) war von 1933 bis 1945 Propagandaminister in der Regierung Adolf Hitlers und in dieser Funktion auch für den Film zuständig, den er als wichtiges „Volksführungsmittel" erkannte. Über seine Ziele und Propagandamethoden ließ 1933 schon diese erste Rede, die er im Kaiserhof 14 Tage nach seiner Ernennung zum Minister hielt, keinen Zweifel.

„Ich bin dankbar für die Gelegenheit, mich über die Situation des deutschen Films und die zu vermutenden Zukunftsaufgaben des deutschen Filmschaffens aussprechen zu können. Ich tue es als ein Mann, der niemals dem deutschen Film ferngestanden hat, vielmehr als ein leidenschaftlicher Liebhaber der filmischen Kunst. Seit vielen Jahren habe ich erkannt, zu welchen Höhen der deutsche Film durch die Kraft und das Ingenium des deutschen Geistes geführt werden kann.

Man mache sich von dem Glauben frei, daß die gegenwärtige Krise eine materielle ist; die Filmkrise ist vielmehr eine geistige, sie wird bestehen, solange wir nicht den Mut haben, den deutschen Film von der Wurzel aus zu reformieren. [...] Die Herren vom Film haben sich ein Bild von dem Nationalsozialismus gemacht, wie er sich in der gegnerischen Presse gespiegelt hat. Die Nationalsozialistische Bewegung und ihre Träger sind den Herren des Films unbekannt, auch innerlich.

In allen Unterhaltungen wurde immer wieder die Furcht vor der Unsicherheit ausgesprochen. Die Produktion sei unsicher geworden. Das gerade Gegenteil müßte jetzt für die Filmproduktion der Fall sein. Zu Brünings oder Müllers Zeiten, da hätte man unsicher sein müssen, dann man hätte ja in der Produktion immer nach vier Wochen nicht gewußt, was gerade modern sei.

Jetzt sind w i r da. Und selbst der ungläubigste Thomas wird davon überzeugt sein, daß wir mindestens vier Jahre an der Macht sind. Das, was ist, bleibt; wir gehen nicht mehr!

Die Filmproduktion hätte also auf Grund dieser Tatsache alle Veranlassung, sicher zu sein. Aber ebenso kann nirgendwo ein Zweifel bestehen, daß die nationalsozialistische Bewegung in die Wirtschaft und die allgemeinen kulturellen Fragen, also auch in den Film, eingreift. [...]

Bei den gefährlichen Auswirkungen des Films hat der Staat die Pflicht, regulierend einzugreifen. [...]

Wir denken gar nicht daran, auch nur im entferntesten zu dulden, daß jene Ideen, die im neuen Deutschland mit Stumpf und Stil ausgerottet werden, irgendwie getarnt oder offen im Film wieder ihren Einzug halten. Damit ist allerdings ein Einschnitt in die Filmproduktion vollzogen. [...]

Wenn eine Regierung, die in tiefstem Herzen filmfreundlich ist, die Hand bietet, dann soll man dieser Regierung dankbar sein, denn wir wollen den Film nicht einengen und dem Filmschaffen Grenzen ziehen. Wir lehnen einen autoritären Doktrinarismus ab. Aber Vorbedingung ist immer wieder der engste Zusammenhang mit dem neuen Wollen. Es gibt nichts im Künstlerischen ohne diese Willensrichtung, ohne diese Absicht und Tendenz.

Das Schaffen des kleinsten Amüsements, des Tagesbedarfs für die Langeweile und der Trübsal zu produzieren, wollen wir ebenfalls nicht unterdrücken. Man soll nicht von früh bis spät in Gesinnung machen. Wir empfinden dafür selbst zu leicht, zu künstlerisch. Die Kunst ist frei und die Kunst soll frei bleiben, allerdings muß sie sich an bestimmte Normen gewöhnen. In einem anderen Land als Deutschland wäre es überflüssig, dies zu betonen. Aber man hat in den letzten Jahren jedes normale politische Denken ertötet. [...]

Glauben Sie nicht, daß wir uns dazu berufen fühlen, Ihnen das Leben sauer zu machen. Die jungen Männer, die jetzt in der Regierung sitzen, sind den deutschen Filmkünstlern im Herzen zugetan. Ich selbst habe an vielen Abenden der vergangenen Zeit nach den entnervenden Kämpfen des Tages mit dem Reichskanzler im Lichtspielhaus gesessen und Entspannung gefunden. Glauben Sie nicht, daß wir des nicht in Dankbarkeit gedächten.

Was wir wollen, ist, daß Sie wieder Freude gewinnen an Ihrer Arbeit. Für den schaffenden Künstler muß es ein großes Gefühl sein, am Webstuhl der Zeit mitzusitzen und sagen zu können, auch für seinen bescheidenen Teil mitgemacht zu haben. Ich glaube, bei solcher neuen Gesinnung wird im Film auch ein neues sittliches Ethos entstehen.

Ich bitte um vertrauensvolle Zusammenarbeit, damit es wieder wie auch auf anderen Gebieten vom deutschen Film heißen kann: Deutschland in der Welt voran!"

Joseph Goebbels, *Rede im Kaiserhof* (28. 3. 1933)

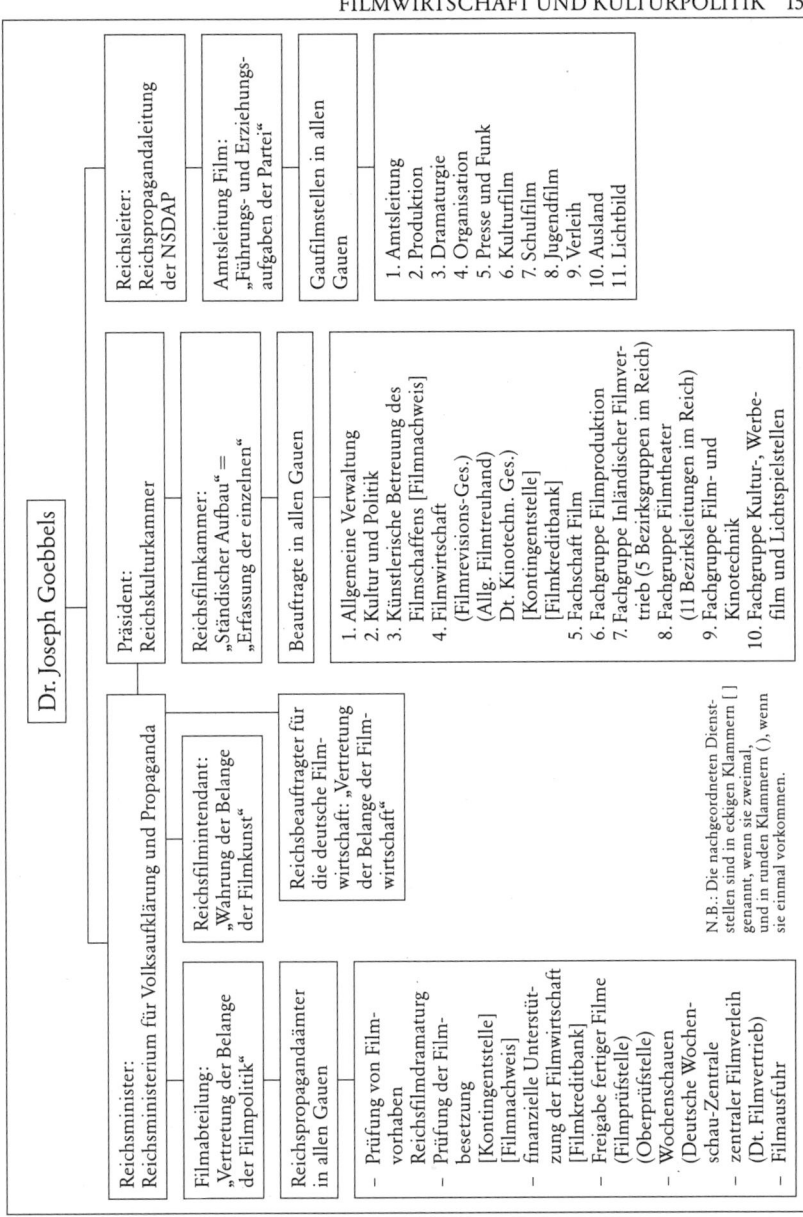

Dr. Joseph Goebbels

Reichsminister: Reichsministerium für Volksaufklärung und Propaganda

- Filmabteilung: „Vertretung der Belange der Filmpolitik"
- Reichsfilmintendant: „Wahrung der Belange der Filmkunst"
- Reichsbeauftragter für die deutsche Filmwirtschaft: „Vertretung der Belange der Filmwirtschaft"
- Reichspropagandaämter in allen Gauen

– Prüfung von Filmvorhaben Reichsfilmdramaturg
– Prüfung der Filmbesetzung [Kontingentstelle] [Filmnachweis]
– finanzielle Unterstützung der Filmwirtschaft [Filmkreditbank]
– Freigabe fertiger Filme (Filmprüfstelle) (Oberprüfstelle)
– Wochenschauen (Deutsche Wochenschau-Zentrale)
– zentraler Filmverleih (Dt. Filmvertrieb)
– Filmausfuhr

Präsident: Reichskulturkammer

- Reichsfilmkammer: „Ständischer Aufbau" = „Erfassung der einzelnen"
- Beauftragte in allen Gauen

1. Allgemeine Verwaltung
2. Kultur und Politik
3. Künstlerische Betreuung des Filmschaffens [Filmnachweis]
4. Filmwirtschaft (Filmrevisions-Ges.) (Allg. Filmtreuhand) (Dt. Kinotechn. Ges.) [Kontingentstelle] [Filmkreditbank]
5. Fachschaft Film
6. Fachgruppe Filmproduktion
7. Fachgruppe Inländischer Filmvertrieb (5 Bezirksgruppen im Reich)
8. Fachgruppe Filmtheater (11 Bezirksleitungen im Reich)
9. Fachgruppe Film- und Kinotechnik
10. Fachgruppe Kultur-, Werbefilm und Lichtspielstellen

N.B.: Die nachgeordneten Dienststellen sind in eckigen Klammern [ ] genannt, wenn sie zweimal, und in runden Klammern ( ), wenn sie einmal vorkommen.

Reichsleiter: Reichspropagandaleitung der NSDAP

- Amtsleitung Film: „Führungs- und Erziehungsaufgaben der Partei"
- Gaufilmstellen in allen Gauen

1. Amtsleitung
2. Produktion
3. Dramaturgie
4. Organisation
5. Presse und Funk
6. Kulturfilm
7. Schulfilm
8. Jugendfilm
9. Verleih
10. Ausland
11. Lichtbild

FREIWILLIGE SELBSTKONTROLLE DER FILMWIRTSCHAFT

Prüf-Nr. 72 195 K

Freigabebescheinigung K

Der Film	"Der König der Löwen" (BW-Farb. Zeichentrickfilm)
Originaltitel	THE LION KING
Hersteller	Buena Vista Productions, Burbank, CA
Verleiher	Buena Vista International (Germany) GmbH, München
Ursprungsland	USA
Herstellungsjahr	1993

ist als Kinofilm in einer Länge von 2412 m
einer Vorführdauer von 88 Min.
von der FSK geprüft und zur öffentlichen Vorführung freigegeben

an allen Tagen des Jahres
(einschließlich der gesetzlich geschützten Feiertage)

Der Film ist von der Obersten Landesbehörde gem. der Vereinbarung der Länder über die Freigabe und Kennzeichnung von Filmen, Videokassetten und vergleichbaren Bildträgern nach § 6 JÖSchG vom 25.2.1985 zur öffentlichen Vorführung vor Kindern und Jugendlichen freigegeben und gekennzeichnet mit

"Freigegeben ohne Altersbeschränkung"

Wiesbaden, 24.10.1994

FREIWILLIGE SELBSTKONTROLLE DER FILMWIRTSCHAFT * FSK

Die freiwillige Selbstkontrolle der Filmwirtschaft (FSK)

Seit dem 18. 7. 1949, also noch vor der Gründung der Bundesrepublik Deutschland, prüft die Selbstkontrolle der Filmwirtschaft, unterstützt von Vertretern der Öffentlichkeit, freiwillig, ob die öffentlich vorgeführten Filme gegen die im Grundgesetz geschützten Werte oder gegen die gesetzlichen Bestimmungen des Jugendschutzes verstoßen. Entscheidend ist für die Grundsätze, die im folgenden auszugsweise wiedergegeben sind, die anzunehmende Wirkung des Films auf die öffentliche Meinung, nicht der Inhalt oder der künstlerische Wert des Films. Gibt es Verstöße in diesem Sinne, werden die Filme um die fragwürdigen Szenen verkürzt. Die Anzahl der bis Ende 1994 geprüften Spielfilme beträgt 21000.

§ 1   Die in der Spitzenorganisation der Filmwirtschaft e.V. (SPIO) zusammengefaßten Verbände der Filmhersteller, Filmverleiher und Filmtheaterbesitzer und die Vereinigung der Videoprogrammanbieter Deutschlands e.V. (Bundesverband Video / BVV) führen im Wege der Selbstverwaltung eine freiwillige Prüfung der in der Bundesrepublik Deutschland für die öffentliche Vorführung vorgesehenen Filme und der öffentlich zugänglichen Bildträger (Videokassetten, Bildplatten und vergleichbare Bildträger – im folgenden Bildträger genannt) durch.
    Die Prüfung erfolgt durch die Freiwillige Selbstkontrolle der Filmwirtschaft (FSK) mit dem Sitz in Wiesbaden. Sie erstreckt sich auf die
– Prüfung auf Kennzeichnung „nicht frei unter 18 Jahren" (Teil B)

– Alterseinstufung gem. §§ 6 und 7 JÖSchG (Teil C)
– Prüfung für die stillen Feiertage (Teil D)
– Prüfung der Titel und Filmwerbeunterlagen (Teil E).

§ 2   Die FSK hat die im Grundgesetz geschützten Werte, im besonderen die verfassungsmäßige Ordnung und das Sittengesetz (Art. 2, Abs. 1 GG) sowie die in Art. 5 GG eingeräumte Freiheit zu beachten.
    In diesem Rahmen darf kein Film oder Bildträger
a) das sittliche und religiöse Empfinden oder die Würde des Menschen verletzen, entsittlichend oder verrohend wirken oder gegen den grundgesetzlich gewährleisteten Schutz von Ehe und Familie verstoßen, im besonderen brutale und sexuelle Vorgänge in übersteigerter, anreißerischer oder aufdringlich selbstzweckhafter Form schildern;
b) die freiheitlich demokratische Grundordnung gefährden oder die Menschenrechte oder Grundrechte mißachten, im besonderen durch totalitäre oder rassenhetzerische Tendenzen;
c) das friedliche Zusammenleben der Völker stören und dadurch die Beziehung der Bundesrepublik Deutschland zu anderen Staaten gefährden, imperialistische oder militaristische Tendenzen fördern oder das Kriegsgeschehen verherrlichen oder verharmlosen.

§ 3   Maßgeblich für die Beurteilung ist die Wirkung des gesamten Films oder Bildträgers oder einzelner Teile. Bei einzelnen Teilen ist auch die

Gesamtwirkung zu berücksichtigen. Die Voraussetzungen des § 2 sind erfüllt, wenn ein Film oder Bildträger geeignet ist, die dort genannten Wirkungen hervorzurufen.

§ 4 Die Prüfung eines Films oder Bildträgers darf nicht unter Gesichtspunkten des Geschmacks oder der persönlichen Anschauung erfolgen; auch dürfen aus diesen Gründen keine Änderungen verlangt werden.

Grundsätze der Freiwilligen Selbstkontrolle der Filmwirtschaft (FSK), Stand 1. Februar 1992

Das Oberhausener Manifest

In den späten fünfziger und frühen sechziger Jahren vollzieht sich bei Kino und Film ein Wandel, der sich aus Veränderungen der Technik, des Medienangebots (Fernsehen) und dem Generationenwechsel ergibt. Junge Filmemacher fordern die radikale Abkehr von den Kinotraditionen der Vergangenheit. „Opas Kino" ist tot, es lebe das neue Kino! Mit öffentlichen Kundgebungen machen sie auf ihre Interessen aufmerksam und fordern staatliche Förderung der jungen Filmproduktionen. Viele später sehr populäre „Filmemacher" wie Alexander Kluge und Edgar Reitz unterzeichnen 1962 ein öffentliches Manifest beim Kurzfilmfestival in Oberhausen.

Der Zusammenbruch des konventionellen deutschen Films entzieht einer von uns abgelehnten Geisteshaltung endlich den wirtschaftlichen Boden. Dadurch hat der neue Film die Chance lebendig zu werden.

Deutsche Kurzfilme von jungen Autoren, Regisseuren und Produzenten erhielten in den letzten Jahren eine große Zahl von Preisen auf internationalen Festivals und fanden Anerkennung der internationalen Kritik. Diese Arbeiten und ihre Erfolge zeigen, daß die Zukunft des deutschen Films bei denen liegt, die bewiesen haben, daß sie eine neue Sprache des Films sprechen.

Wie in anderen Ländern, so ist auch in Deutschland der Kurzfilm Schule und Experimentierfeld des Spielfilms geworden.

Wir erklären unseren Anspruch, den neuen deutschen Spielfilm zu schaffen.

Dieser neue Film braucht neue Freiheiten. Freiheit von den brancheüblichen Konventionen. Freiheit von der Beeinflussung durch kommerzielle Partner. Freiheit von der Bevormundung durch Interessengruppen.

Wir haben von der Produktion des neuen deutschen Films konkrete geistige, formale und wirtschaftliche Vorstellungen. Wir sind gemeinsam bereit, wirtschaftliche Risiken zu tragen.

Der alte Film ist tot. Wir glauben an den neuen.

Bodo Blüthner, Boris v. Borresholm, Christian Doermer, Bernhard Dörries, Heinz Furchner, Rob Houwer, Ferdinand Khittl, Alexander Kluge, Pitt Koch, Walter Krüttner, Dieter Lemmel, Hans Loeper, Ronald Martini, Hans-Jürgen Pohland, Raimond Ruehl, Edgar Reitz, Peter Schamoni, Detten Schleiermacher, Fritz Schwennicke, Haro Senft, Franz-Josef Spieker, Hans Rolf Strobel, Heinz Tichawsky, Wolfgang Urchs, Herbert Vesely, Wolf Wirth

Oberhausener Manifest, 28. 2. 1962

Gesetze über Maßnahmen zur Förderung des deutschen Films

Die Förderung des Films begann schon in der Weimarer Zeit. Im Dritten Reich geriet sie unter die vollständige Kontrolle des Staates. Nach 1945 war der deutsche Filmmarkt geteilt und die Ausfuhr erschwert. Der Staat begann daher schon in den fünfziger Jahren mit der Förderung der Filmproduktion (Bürgschaften des Bundes). Das 1967 erstmals beschlossene und seitdem immer wieder verbesserte Filmförderungsgesetz dient der Selbsthilfe der Filmwirtschaft, die mit Hilfe eines Abgabeanteils von den Kinokarten erfolgversprechende Filmprojekte fördert. Abgedruckt ist im folgenden ein Teil der Begründung für das Gesetz aus dem Jahr 1967.

Am 15. März 1967 hat eine interfraktionelle Gruppe von Mitgliedern des Deutschen Bundestages den Entwurf eines Gesetzes über Maßnahmen zur Förderung des deutschen Films eingebracht, um damit der seit geraumer Zeit schwelenden Filmkrise abzuhelfen. [...]

Die jährlichen Besucherzahlen der Filmtheater sinken seit 1957. Außer geänderten Freizeitgewohnheiten weiter Bevölkerungsschichten dürften die Hauptursachen für diesen Trend in dem starken Anwachsen der Fernsehzulassungen, in einem spürbaren Qualitätsverfall der Spielfilmproduktion und nicht zuletzt auch in der mitunter mangelhaften Ausstattung der Filmtheater in Technik und Komfort liegen. [...]

Dennoch ist unbestritten, daß in der Öffentlichkeit ein starkes Bedürfnis nach Filmen besteht. Nach wie vor zieht der Film sowohl als Kunstwerk als auch in seiner rein unterhaltenden Gattung weite Kreise, insbesondere aber die junge Generation, an. Schließlich dient der Film auch der Selbstdarstellung eines Volks und seiner nationalen Repräsentanz im Ausland. Das begründet hinreichend ein öffentliches Interesse am Film. Was not tut, sind Bemühungen, um den Bestand und die Zukunft der deutschen Filmwirtschaft zu sichern. Es wäre nicht zu verantworten und mit Artikel 5 des Grundgesetzes unvereinbar, wenn eine lange und bedeutende Tradition des deutschen Films zugrunde ginge, weil die ihn heute und in Zukunft tragenden Kräfte sich aus ihrer mißlichen wirtschaftlichen Lage ohne staatliche Impulse nicht mehr zu befreien vermögen. Daß die Hoffnung auf eine Erneuerung berechtigt ist, zeigen die beachtlichen Erfolge der jüngeren deutschen Filmschaffenden, die sie in den letzten beiden Jahren auf internationalen Festspielen erzielt haben. [...]

Die Antragsteller haben bei ihren Vorarbeiten die föderative Struktur der Bundesrepublik Deutschland beachtet. Daraus ergab sich zwangsläufig, daß das Filmförderungsgesetz als ein Wirtschaftsgesetz konzipiert werden mußte. Andererseits ist der Film keine normale Konsumware. Das Wirtschaftsgut Film ist untrennbar verbunden mit den darin verkörperten kulturellen Aspekten. Da aber Phantasie oder künstlerisches Talent nicht gesetzlich dekretiert werden könnten, sind die Antragsteller, abgesehen von den erwähnten verfassungsrechtlichen Bedenken, von dem Gedanken ausgegangen, daß es vordringlich sei, die Filmwirtschaft wieder auf eine gesunde ökonomische Basis zu stellen. Denn Voraussetzung für die Produktion guter Unterhaltungsfilme, erst recht aber künstlerisch anspruchsvoller Filme, ist eine stabile Filmwirtschaft, die nicht fortwährend von finanziellen Zusammenbrüchen einzelner Produzenten oder Verleihunternehmen bedroht ist. Nur wenn sie in der Lage ist, auf einer nicht zu schmalen Produktionsbasis wenigstens im Durchschnitt kostendeckende Einnahmen zu erzielen, kann man hoffen, wie es auch Erfahrungen aus dem Ausland bestätigen, daß nicht nur Konfektionsware, sondern auch Filme mit künstlerischem Anspruch produziert werden. [...]

Das Verfahren bei der Beratung im federführenden Wissenschaftsausschuß war daraus ausgerichtet, zunächst festzustellen, wie die beteiligten Wirtschaftskreise, die es später betreffen würde, sich dazu äußern. [...] Dabei stellte sich heraus, daß sich alle Beteiligten zu den Zielen, den Prinzipien und den wesentlichen Grundzügen der Methoden der beabsichtigten Förderungsmaßnahmen bekannt haben.

Die Tatsache dieser prinzipiellen Zustimmung ist hier ausdrücklich festzustellen, weil seither hier und dort der Versuch unternommen wurde, in der Öffentlichkeit einen anderen Eindruck zu erwecken. [...]

Das öffentliche Interesse am Fortbestand des deutschen Films gebietet eine Förderung der Filmwirtschaft als Ganzes; die Förderung soll in den gesetzlich geordneten Bahnen einer Selbsthilfeaktion vor sich gehen; Haushaltsmittel werden nicht in Anspruch genommen. Die Grundzüge des Verfahrens sind:

– Die erforderlichen Mittel werden nach Art einer Ausgleichsabgabe von den Filmtheaterbesitzern erhoben, die Verleiher und Produzenten beteiligen sich daran durch eine entsprechende Minderung ihres Anteils an den Theatererlösen.

– Die Förderungsmittel werden an Produzenten und Theaterbesitzer unmittelbar vergeben, indirekt wird aber auch der Verleih berücksichtigt. Das volle Unternehmerrisiko bleibt erhalten, wenn auch in reduzierter Höhe. Die vorgesehene bessere Kapitalausstattung der Produktion soll es in Zukunft erleichtern, die für Kreditaufnahmen unabdingbaren Sicherheiten zu stellen.

– Die Verwaltung wird einer zu gründenden Filmförderungsanstalt übertragen, die durch ihre Aufgabenstellung zu einer repräsentativen Spitze des deutschen Films werden kann.

– Erstmalig wird eine institutionalisierte Zusammenarbeit mit den Rundfunkanstalten angebahnt, die zu einer für die Filmhersteller günstigeren Verwertung der Fernsehnutzungsrechte führen kann, aber darüber hinaus auch eine Entspannung in den wirtschaftlichen Beziehungen zwischen den beiden Massenmedien zur Folge haben dürfte.

– Besondere Förderungsmittel sind für die Verbreitung des deutschen Films im Ausland vorgesehen.

Schriftlicher Bericht des Ausschusses für Wissenschaft, Kulturpolitik und Publizistik (8. Ausschuß, 1967)

Das Kino und seine Rivalen

Solange es das Kino gibt, wurde immer wieder sein baldiges Ende prognostiziert. Wurde zunächst das Fernsehen in der Rolle des Totengräbers gesehen, sind es wenig später Videorecorder, Pay TV, Videogame und Virtuel Reality. Doch Totgesagte leben länger, oder etwa nicht?

Kinopaläste mit High-tech-Ausrüstung nehmen den Kampf mit den neuen Medien auf.

Warum das Kino trotz allem eine Zukunft hat

Wie wird das Kino der Zukunft aussehen? Sind die Zeiten bald vorbei, in denen wir zu zweit, in Gruppen oder alleine in die Filmpaläste laufen, oder werden die Bilder, die wir bald zu sehen bekommen, nur eine andere Qualität haben. Werden sie vielleicht direkt per Laser auf den Sehnerv projiziert?

Das Kino wurde erfunden, und schon hieß es: Das Kino hat keine Zukunft. Der Tonfilm kam auf, und es hieß: Das Kino hat keine Zukunft. Das Fernsehen begann seinen Siegeszug, und es hieß: Das Kino hat keine Zukunft. Videorecorder fanden Verbreitung, und es hieß: Das Kino hat keine Zukunft. Nun sind neue Techniken im Anmarsch, und es heißt: Das Kino hat keine Zukunft.

Das Kino hat also keine Zukunft. Damit wird man sich abfinden müssen. Andererseits hat es ohnehin noch nie viel gegeben, was Zukunft hat. Als die Eisenbahn erfunden wurde, hieß es, der Mensch könne solche Geschwindigkeiten nicht aushalten. Als Galilei die Sonne zum Mittelpunkt ausrief, wurde das als Unfug abgetan. Und als die Schöpfung den Menschen erfand, da gab es sicher auch nicht viele, die auf seine Zukunft gesetzt hätten.

So ist es eben. Der Mensch haßt die Zukunft. Die Gegenwart macht ihm schon genug zu schaffen. Und die Zukunft kann er sich nur vorstellen als Verlängerung dessen, was er bereits kennt. Was er nicht kennt, kann er sich auch nicht vorstellen.

Zeitreihen der Filmwirtschaft

Jahr	Filmbesuch in Mio	Filmtheater Bruttoeinn. Mio DM	ortsfeste Filmtheater	Sitzplätze in 1000	Verleiheinn. Mio DM	Dt. Markt. in %	Deutsche Spielfilmerstaufführ.	davon mit Prädikat
1946	300,0	330,0	2125	786				
1947	459,6	468,8	2850	1065			4	
1948	443,0	385,4	2975	1116			12	
1949	467,2	411,1	3360	1270			33	
1950	487,4	433,8	3962	1601			65	*
1951	554,8	516,0	4547	1836			76	
1952	614,5	602,2	4853	1974			75	
1953	680,2	693,8	5117	2083			96	
1954	733,6	794,5	5640	2320			109	
1955	766,1	865,7	6239	2562	300,9	47,3	122	
1956	817,5	950,0	6438	2658	331,2	47,1	120	
1957	801,0	1013,5	6577	2740	361,2	47,7	111	
1958	749,7	1013,2	6789	2814	365,6	47,7	109	
1959	670,8	926,2	7085	2926	338,0	47,0	107	
1960	604,8	869,4	6950	2878	320,7	41,0	98	
1961	516,9	777,9	6666	2765	287,5	32,6	79	
1962	442,9	710,2	6327	2609	272,8	29,0	64	
1963	366,0	633,2	5964	2463	255,2	30,5	58	
1964	320,4	621,6	5551	2286	260,3	27,2	69	
1965	294,0	611,5	5209	2143	265,1	28,8	56	
1966	257,1	588,8	4784	1998	255,6	25,9	60	
1967	215,6	551,9	4518	1865	230,4	24,7	72	18
1968	179,1	523,2	4060	1672	197,5	37,0	89	12
1969	172,2	547,0	3739	1538	197,1	39,3	110	16
1970	160,1	542,5	3673	1420	196,1	39,2	105	16
1971	152,1	557,4	3412	1348	196,9	36,1	112	27
1972	149,8	576,3	2344	1280	200,1	32,7	108	23
1973	144,3	602,9	2172	1230	210,1	26,3	82	16
1974	136,2	614,5	3218	1189	219,7	26,5	77	20
1975	128,1	626,5	3163	1138	230,8	12,9	55	19
1976	115,1	591,9	3263	1086	207,8	11,4	60	32
1977	124,2	652,4	3142	1016	220,3	11,4	52	26
1978	135,5	748,3	3153	980	248,1	12,8	57	29
1979	142,0	849,5	3251	932	289,3	16,0	65	28
1980	143,8	905,1	3422	910	308,0	9,3	49	26
1981	141,3	940,8	3560	880	336,2	18,7	76	32
1982	124,5	846,1	3613	846	301,1	11,3	70	37
1983	125,3	872,3	3669	821	323,0	14,1	77	37
1984	112,1	808,5	3611	784	300,1	16,8	75	28
1985	104,2	773,9	3418	723	307,2	22,7	64	32
1986	105,2	784,7	3262	643	307,3	22,1	60	31
1987	108,1	816,0	3252	631	323,1	17,2	65	33
1988	108,9	821,7	3246	627	331,1	23,4	57	42
1989	101,6	792,9	3216	610	312,7	16,7	68	40
1990-West			3222	608				
1990-Ost			532	173				
1990	102,5	828,0	3754	781	351,3	9,7	48	33
1991-West	106,9	916,8	3258	613				
1991-Ost	13,0	63,9	428	150				
1991	119,9	980,7	3686	763	349,9	13,6	72	42
1992-West	93,5	825,5	3201	594				
1992-Ost	12,4	65,9	429	131				
1992	105,9	891,4	3630	725	369,8	9,4	63	

Das Cinemaxx in Hannover, jüngstes Beispiel
einer Kinoarchitektur der Superlative

Wenn wir von der Zukunft des
Kinos reden, warum nicht davon, daß
wir das Kino gar nicht mehr brauchen
werden, weil es etwas Neues, Schöne-
res, Besseres gibt? Eine andere Art
von Unterhaltung, eine andere Art
von Gedächtnis, eine andere Art von
Leben. Wo wir das leben können, was
wir jetzt im Kino sehen. Allein, zu
zweit, zu mehreren. Eine Droge, an
der wir keinen Schaden nehmen.
Weder körperlich noch seelisch. Warum reden wir nicht davon? Weil wir
uns so viel Freiheit gar nicht vorstellen können. Und weil wir nicht glauben, daß eine neue Welt eine schö-
nere und bessere Welt werden wird.

Dann eben nicht. Wer jammert,
das Kino habe keine Zukunft, muß

sich jedoch zweierlei fragen. Erstens,
was das Kino eigentlich ist und
warum das bewahrt werden muß.
Und zweitens, was am Kino zu ver-
bessern wäre und warum das trotzdem nicht passieren wird oder soll.
Wenn man das beantwortet hat, wird
man vielleicht nicht mehr wissen
über die Zukunft, aber zumindest
über die Gegenwart.

Kino ist...? Mit schönen Frauen
schöne Dinge tun, wie Truffaut sagt?
Der Welt eine Vorstellung unterschie-
ben, die mit unseren Wünschen
übereinstimmt, wie Bazin sagt? Ja –
aber zuerst einmal heißt Kino, daß
man das Haus verläßt, sich in einen
dunklen Saal begibt, die Welt und
ihre Möglichkeiten mit anderen
Augen sieht und dann darüber redet
oder schweigt.

Warum sieht man nicht einfach fern? Weil im Kino das Bild und der Ton besser sind und das Erlebnis gewaltiger ist. Weil man neugierig ist auf die neuen Filme. Und weil man ausgehen möchte. Was wäre, wenn man die neuen Filme auch zu Hause sehen könnte, mit noch besserem Bild und Ton – was beim Zustand der meisten Kinos nicht schwierig wäre? Bleibt das Gemeinschaftserlebnis, das es zu bewahren gälte, das aber auch niemandem abgeht, der sich daheim im Familienkreis einen Film ansieht.

Was die Filmemacher betrifft, so geht es ihnen um die Freiheit, Geschichten zu erzählen und ihre Sicht der Welt zu vermitteln, aber auch um Geld, Ruhm und Ehre. Und es gibt kaum einen, der nicht gern auf die meisten Widerstände, auf die er stößt, verzichten würde.

Orson Welles bemerkte einmal, ein Maler brauche Pinsel zur Ausübung seiner Kunst und ein Dichter eine Feder, ein Regisseur hingegen eine Armee. Und Renoir soll gesagt haben, Film werde erst dann eine Kunstform sein, wenn er so verfügbar sei wie Stift und Papier.

Was spräche also dagegen, wenn Filmemacher ihre Filme in Zukunft am Computer produzieren würden? Wenn ihnen per Knopfdruck die ganze Welt als Schauplatz und jeder Mensch als Schauspieler zur Verfügung stünde?

Sehen wir der Wahrheit ins Auge: Das Kino ist, so wie es ist, eine reichlich antiquierte Angelegenheit. Es ist in der Herstellung zu schwerfällig und zu teuer. Das Material ist zu empfindlich, und die Projektion ist zu schlecht. Und warum müssen Filme

eigentlich mit 24 Bildern pro Sekunde dahinflimmern, wenn im Showscan-Verfahren heute schon Filme mit 60 Bildern pro Sekunde möglich sind, die viel schärfer aussehen? Wenn die Zuschauer wählen könnten, würden sie Filme gern sehen, wann immer und wo immer sie wollen, mit perfektem Ton und Bild. Und wenn Filmemacher es sich aussuchen könnten, dann würden sie Filme gern machen, wann immer und wo immer sie wollen, mit unbeschränktem Budget und allen technischen Möglichkeiten. Das wäre die Zukunft, von der eigentlich alle träumen müßten. Tun sie aber nicht. Warum wohl?

Das ist die große Frage. Unzweifelhaft wird diese Zukunft kommen. Wenn Filme vom Computer billiger sind, dann wird es sie auch geben, und wenn Menschen diese Filme zu Hause sehen können, dann werden sie das auch tun. Vielleicht wird ihnen dann etwas fehlen, wahrscheinlich jedoch nicht. Denn sie werden sich auch in diesem Zustand einrichten, und wenn sie sentimental gestimmt sind, werden sie ein bißchen der guten alten Zeit nachweinen.

Wenn alles so kommt, hat diese Freiheit die Form eines Gefängnisses. Alle sitzen in ihren Zellen, die Zuschauer und die Filmemacher, verbunden durch ein gigantisches Netz, dessen Betreiber alles kontrollieren. Die Welt ist vielleicht noch nicht soweit, aber sie unternimmt alle Anstrengungen, um dorthin zu kommen. Man muß nur nach Hollywood blicken, wo sich die Hardware-Produzenten um die Software reißen. Denn wer ein Kabelnetz hat oder Monitore herstellt, braucht natürlich auch

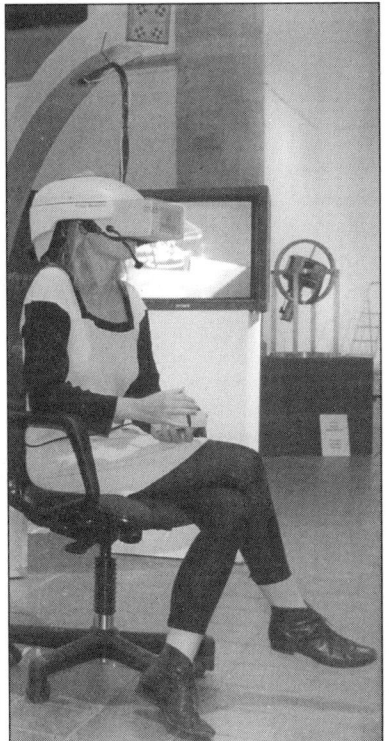

Mit dem 3-D-Helm eintauchen in die Welt der Virtual Reality

Dreh raushat, wie man mit diesem Medium umgehen muß, der wird sich durchsetzen. Aber das werden dann andere Filme sein, die mit dem Kino, wie wir es kennen, nichts mehr zu tun haben.

Und wie werden diese Filme aussehen? Werden sie mit Laser auf den Sehnerv projiziert oder unter einem Helm greifbare Realität?

Wir können es uns zwar nicht vorstellen, aber wir können überlegen, wie das Publikum früherer Zeiten reagiert hätte, wenn man ihm einen Film von heute vorgeführt hätte. Wenn man den Leuten, die 1895 bei der ersten Filmvorführung vor einem Zug in Deckung gegangen sind, zum Beispiel *True Lies* vorgeführt hätte: Hätten sie verstanden, was ihnen da erzählt wird? Was hätten sie mit den Flugzeugen und Funkgeräten, Autos und Aufzügen angefangen? Ist es vielleicht so, daß der Film zu viele Kenntnisse voraussetzt, die damals noch nicht verfügbar waren? Und hätte das Kino in ihren Augen eine Zukunft gehabt?

Eines hätten sie vielleicht begriffen – daß auch in Zukunft die Grundlage aller Geschichten lautet: Boy meets girl... Und daran wird sich auch nichts ändern, solange es dem Menschen nicht gelingt, sich selbsttätig zu vermehren.

Das Kino hat also wieder mal keine Zukunft. Gehen wir trotzdem hin. Es mag unvollkommen sein, aber der Mensch ist es auch. Und solange es davon zu erzählen versteht, solange hat es auch Zuschauer. Und wenn man Glück hat, dann trifft man dort die Frau seines Lebens. Noch ist es möglich.

etwas, was er dort zeigen kann. Vilém Flusser nennt diese Vision eine faschistische Gesellschaft, der man nur entgehen könne, wenn es den Zuschauern gelänge, einen Dialog aufrechtzuerhalten. Theoretisch ist das möglich, weil dann jeder seine eigenen Filme machen kann. Aber das wird nichts ändern. Wer etwas zu erzählen hat, wird es tun. Und wer nicht, der wird zuhören. Und wer den

Michael Althen

Überdosis Zelluloid

100 Jahre Kinogeschichte liegen hinter uns. Ungeahnte Möglichkeiten sind wahr geworden, der Siegeszug der bewegten Bilder hat in nur 50 Jahren unsere Wohnzimmer erreicht. Wie werden die nächsten Jahre des Kinos aussehen? Gibt es dann noch den Star, um den sich ein leidenschaftlicher Personenkult rankt wie in der Vergangenheit, oder fallen wir nur noch den Täuschungsmanövern kybernetischer Helden zum Opfer? Was heute noch Science-fiction ist, kann schon morgen Wirklichkeit sein.

Perry Rhodan ging nie ins Kino, und E.T. war der erste Couchpotato, der auch so aussah, als habe er seine Kindheit vor dem Fernseher verbracht. Im Jahr 2000 wurden die Kinoleinwände auf der Erde endgültig verschrottet, wurde Hollywood in die Luft gesprengt, und ein Großrechner träumte den Traum vom Kino weiter. Die andere Geschichte des Kinos schrieben Science-fiction-Autoren auf, und sie füllten das Vakuum zwischen Gegenwart und Zukunft mit ihren Träumen und Horrorvisionen, die so schön und grausam sind wie das Kino selbst.

Los Angeles in den frühen Neunzigern: eine ausgebrannte Maschine. Auf den Straßen irren Menschen wie Junkies umher, süchtig nach dem nächsten Film besorgen sie sich eine Dosis Zelluloid. „Es gab keine Geschäfte, keine Büros, keine einzige Bar", so lakonisch beschreibt der Autor Lino Aldani 1963 die Zukunft der Traumfabrik. „Ab und zu öffnete sich in den rußverschmutzten, vor Müll und Moschus starrenden Fassaden die Drehtür eines Ladens. Drin-

nen herrschte der ‚Traum': das Glück in der Reichweite aller."

Das Kino, so wie es einmal war, ist vergessen. Lino Aldani beschreibt in „Gute Nacht, Sophie" die nächste Generation des Films: das Gefühlskino. Es übertrifft die Wirkung von hundert Melodramen. Der Star des emotionalen Traumkinos heißt Sophie Barlow, und ihr Partner ist der mechanische Schauspieler Adam. Jeden Kuß auf seine Latexlippen überträgt der mit Elektronik gedopte Körper an die Zuschauer. Die sitzen in vollautomatischen Kinosesseln, ihr Kopf steckt in einem Integralhelm, den „Ästhetiktechniker", mit Gefühlssensoren ausstaffiert haben. Und nur die Ewiggestrigen der „Anti-Traum-Liga" glauben noch daran, daß die Wirklichkeit gegenüber dem Film einen Vorteil habe. Immer wenn in der Science-fiction-Literatur einer ins Kino geht, beschäftigen ihn beklemmende Fragen: Bin ich ein Zuschauer, der nur davon träumt, daß er einen Film sieht, oder bin ich Teil eines Filmes und träume nur davon, ich sei ein Zuschauer? Und auch beim Lesen verschwimmt die Gewißheit darüber, wo das Leben aufhöre und das Kino beginne.

Margaret St. Clair schuf in der Short story „Horrer-Howce" (1952) die vermutlich ersten virtuellen Kinowesen: Sie heißen Voom und sind die Geschöpfe eines Freakshow-Managers. Er lockt Neugierige durch eine Tür in eine Welt, die so real ist wie ein Horrorfilm. Die Voom sehen aus wie kleine dicke Gangster und liefern sich in schwarzen Limousinen tödliche Verfolgungsjagden mit Zuschauern, die zu spät erkennen, daß der Film, in

**Film-Kopierwerk Afifa in Berlin-Tempelhof:
Teil einer vierfachen Entwicklungsmaschine
(Photo, um 1930)**

dem sie mitzuspielen glauben, wirklich ist.

Vom Verfolgungswahn des Zuschauers ist es nur ein kleiner Sprung zum Filmriß: In William Kotzwinklers Roman „The Exile" kann der Darsteller in einem Nazifilm nicht mehr zurückkehren in die Gegenwart. Die Realität ist relativ und wie in dem psychedelischen Buch „Das Nackte Ziel" von Adam Wisniewski-Snerg nur noch die Erfindung eines allmächtigen Regisseurs.

Einen grausamen Kinogott beschreibt ein Zukunftsroman von Otto Soyka aus den Zwanzigern: „Die Traumpeitsche". Nachts kommt ein grausamer Sandmann, ein früher Freddy Krueger, und schickt Träume, aus denen es kein Erwachen gibt. Vielleicht steckte im Traum vom Kino immer schon der Alptraum. Vielleicht gibt es im Jenseits wirklich einen Ort für abgehalfterte Kinostars, der der Hölle gleicht. In „Marion's Wall" von Jack Finney lebt eine alte Stummfilmdiva als Zombie in einer Wandtapete weiter und phantasiert von großen Leinwandauftritten.

San Francisco im Jahr 2005: Virtuelle Welten haben den Breitwandfilm und Kinosäle abgelöst, und simulierte Stimulation (kurz: Simstim) läßt den ewigen Film direkt im Kopf ablaufen. Das Hirnkino heißt auch Cyberspace. In „Virtuelles Licht" (von William Gibson) verehrt eine verbotene Sekte alte Hollywoodstars. Und da die Legende umgeht, im Kino sei die Zeit immer dieselbe, suchen ihre Anhänger nach dem Göttlichen im Spielfilm – und nach Unsterblichkeit.

In einer Zeit nach Hollywood und Cyberspace wird es wieder Kino geben. Neue Cyberpunk-Romane wie „Fools" von Pad Cadigan und „Crash Course" von Wilhelmina Baird beschreiben kybernetische Schauspieler, in deren Eingeweide Hunderte Rollen, Tausende Charaktere implantiert wurden. Schon bevölkern die ersten virtuellen Darsteller die Leinwände. So schreibt das Kino die Geschichte fort, die in der Vergangenheit des Zukunftsromans begann.

Sabine Magerl

Ausgewählte Meilensteine der Filmgeschichte

1. November 1895   erste öffentliche Projektion von Bewegungsaufnahmen gegen Entgelt in Deutschland im Variété Wintergarten, Berlin, durch die Brüder Skladanowsky

28. Dezember 1895   erste öffentliche Projektion von Lauffilmen gegen Entgelt im Keller des „Grand Café" am Boulevard des Capucines in Paris durch die Brüder Lumière

1896   Reklamefilme als Bestandteil von Filmprogrammen („Publicité pour la firme cointreau")

20. April 1896   erste Cinematographe-Vorführung in Deutschland durch Fa. Stollwerck in Köln

1897   erstes Atelier zum Kolorieren von Filmen (in Paris)

Januar 1898   erster Messter-Katalog mit 84 Aktualitäten und Spielfilmen

29. August 1903   die ersten Tonbilder (im Apollo, Berlin) verbinden Grammophon und Projektion

1905   „Messters Biophon" als erstes stationäres Berliner Kino

September 1905   erste Herstellungsfirma mit Verkauf und Verleih: Alfred Duskes GmbH, Berlin

1906   „Humorous Phases of Funny Faces" (James Stuart Blackton) als erster Zeichentrickfilm

5. Mai 1906   Vorzensur für Filme wird vom Berliner Polizeipräsident angeordnet

6. Januar 1907   Kinematograph, „Organ für die gesamte Projektionskunst", Düsseldorf (bis 1934)

4. September 1909   Union-Theater im Grandhotel am Alexanderplatz in Berlin hat eigenes Kino-Orchester

1910   Carl Laemmle wirbt als erster für einen Star, Florence Lawrence

1910   erster Kinoneubau in Deutschland (Nollendorfplatz, Berlin)

1910   die rund 1000 Lichtspieltheater in Deutschland haben durchschnittlich 200 Sitzplätze

20. November 1910   *Abgründe* mit Asta Nielsen ist erster „programmfüllender" Film Europas (45 Minuten)

1912   Wechseltag für Kinoprogramme verschiebt sich von Samstag auf Freitag

12. Februar 1912   1. Drehtag im Filmstudio Neubabelsberg (mit Henny Porten in *Der Totentanz*)

1913   in Deutschland fast 2400 Kinos

1913   Atelier-Glashäuser in Tempelhof, spätere Ufa-Ateliers

31. Januar 1913   *Der Andere* mit Theaterschauspieler Albert Bassermann: erster deutscher „Autorenfilm"

Juli 1913   Dissertation ‚Zur Soziologie des Kinos' von Emilie Altenloh vorgelegt

3. Oktober 1913   *Die Insel der Seligen* von Max Reinhardt eröffnet U.T. Kurfürstendamm (1000 Plätze)

3. Oktober 1914   Messter-Woche als erste deutsche Wochenschau

18. Dezember 1917   Universum Film-AG (Ufa) zum „Betrieb aller Zweige des Filmgewerbes" gegründet

12. November 1918   staatliche Zensur durch den Rat der Volksbeauftragten abgeschafft

1919   in den gut 2800 Filmtheatern stehen fast 1 Mio. Sitzplätze zur Verfügung

18. September 1919   Ufa-Palast am Zoo als Repräsentationskino mit 1700 Plätzen eröffnet

27. Februar 1920   *Das Kabinett des Dr. Caligari* von Robert Wiene benutzt starke expressionistische Stilelemente

12. Mai 1920   Reichslichtspielgesetz (RLG) regelt Filmzulassung durch Prüfstellen in Berlin und München

31. Januar 1922   *Fridericus Rex* (2 Teile) bewirkt öffentliche Auseinandersetzung zur Monarchie-Frage

4. März 1922   *Nosferatu* von F. W. Murnau beginnt die Serie aller Dracula-Verfilmungen

1922   *Dr. Mabuse, der Spieler* von Fritz Lang, Teil 1 und 2

17. September 1922   erste Vorführung eines Tonfilms mit integriertem Ton

19. Oktober 1923   erster Interessenverband der gesamten Filmindustrie (SPIO = Spitzenorganisation)

1924   *Der sichtbare Mensch* von Béla Balázs, eine der ersten Filmdramaturgien

1. Juli 1924   Vergnügungssteuer kann für „volksbildende" Filme ermäßigt werden: „Prädikatisierung"

23. Dezember 1924   *Der letzte Mann* von F. W. Murnau mit „entfesselter" Kamera

18. Mai 1925   *Die freudlose Gasse* von G.W. Pabst (mit Greta Garbo und Asta Nielsen)

17. September 1925   erste Ausgabe der Ufa-Wochenschau löst andere Wochenschauen ab

24. September 1925   *Charleys Tante* eröffnet umgebauten Ufa-Palast: 2165 Plätze, 75 Orchestermusiker

17. Dezember 1925   erster Ufa-Tonfilm *Das Mädchen mit den Schwefelhölzern* ein technischer Mißerfolg

19. Dezember 1925   Vertrag der Ufa mit Paramount und Metro-Goldwyn (Parufamet); bleibt erfolglos

29. April 1926   *Panzerkreuzer Potemkin* führt zu heftigen politischen Auseinandersetzungen

14. Oktober 1926   Prominenz bei der Premiere des *Faust*-Films von F. W. Murnau zeigt Bedeutung des Kinos

1927   Patent auf anamorphotische („CinemaScope"-)Verfahren an Henri Chrétien

10. Januar 1927   *Metropolis* von Fritz Lang, unvollständig erhaltener Monumentalfilm

28. März 1927   Hugenberg übernimmt Ufa

9. Oktober 1927   US-Premiere von *The Jazzsinger* in New York gilt als Beginn der Tonfilmära (Nadelton!)

1928   383 Mio. Filmbesuche: Rekord der Jahre 1895 bis 1932; 5300 Kinos, davon 40 % täglich spielend

12. März 1929   *Melodie der Welt* von Walther Ruttmann: erster abendfüllender deutscher Tonfilm

16. Mai 1929   erste OSCAR-Verleihung, u. a. an Deutschamerikaner Emil Jannings

16. Dezember 1929   *Melodie des Herzens:* erster Ufa-Tonfilm mit engl., französ., ungar. „Version"

21. Dezember 1929   Ufa-Palast Hamburg (mit 2667 Plätzen: größtes europ. Kino) eröffnet mit *Weiße Hölle vom Piz Palü*

1930   in Europa sind von rd. 34000 Kinos knapp 18 % (rd. 6000) auf Tonfilm umgestellt

9. September 1930   erste Ufa-Tonwoche: „Sie sehen selbst, Sie hören selbst! – Urteilen Sie selbst!"

15. September 1930   *Die Drei von der Tankstelle* als Tonfilmoperette erfolgreichster Saisonfilm

5. Dezember 1930   *Im Westen nichts Neues* durch Nazidemonstrationen gestört, bald verboten

19. Dezember 1930   *Das Flötenkonzert von Sanssouci* durch Demonstrationen von links gestört

11. Mai 1931   *M – Eine Stadt sucht einen Mörder* von Fritz Lang, ein Höhepunkt des Tonfilms

29. September 1931   *Der Kongreß tanzt* fällt in Wien durch, wird großer Tonfilm-Operetten-Erfolg

14. Mai 1932   *Kuhle Wampe,* einziger kommunistischer deutscher Spielfilm, in Moskau uraufgeführt

28. März 1933   Joseph Goebbels verlangt „geistige Erneuerung" des Films und kündigt seine Förderung an

23. April 1933   nach Verbot in Deutschland wird *Das Testament des Dr. Mabuse* von Fritz Lang in Budapest uraufgeführt

28. Juni 1933   staatliche Verordnung schließt nichtdeutsche Filmschaffende von der Mitarbeit aus

11. September 1933   *Hitlerjunge Quex* von Hans Steinhoff in Anwesenheit von Adolf Hitler uraufgeführt

1934   in den USA eröffnet das erste „Drive-In"-Kino für Autofahrer

16. Februar 1934   Lichtspielgesetz erlaubt Verbot von Filmen, die nationalsozialistisches Empfinden verletzen

14. Februar 1935   Reichsfilmarchiv in Berlin eröffnet

29. März 1935   *Triumph des Willens* von Leni Riefenstahl über den NSDAP-Parteitag 1934

4. August 1936   *Das Schönheitsfleckchen,* erster deutscher, technisch unausgereifter 30-min-Farbfilm

15. Dezember 1939   *Vom Winde verweht* als bisher größte Farbfilmproduktion uraufgeführt

24. September 1940   antijüdischer Hetzfilm *Jud Süß* von Veit Harlan

31. Oktober 1941   *Frauen sind doch bessere Diplomaten,* erster langer Farbfilm der Ufa (mit Marika Rökk, Willy Fritsch)

10. Januar 1942   Verstaatlichung des gesamten deutschen Films (seit 1937) öffentlich bekanntgegeben

27. November 1942   *Casablanca,* später Kultfilm, uraufgeführt

3. März 1943   *Münchhausen* zum 25jährigen Bestehen der Ufa im Ufa-Palast am Zoo (mit Hans Albers, Ilse Werner)

1944   1,1 Mrd. Filmbesuche im „Großdeutschen Reich": Rekordbesuch der Jahre 1933–1945; 7000 Kinos

Mai 1945   die deutsche Filmwirtschaft ist weitgehend zerstört; die vier Sieger beginnen, sie neu zu gestalten

Mai 1945   erste alliierte deutschsprachige Nachkriegswochenschau *Welt im Film*

17. Mai 1945   DEFA (= Deutsche Film-Aktiengesellschaft) als erste Nachkriegsproduktionsfirma gegründet

15. Oktober 1946   *Die Mörder sind unter uns* von Wolfgang Staudte: erster Nachkriegsfilm (mit Hildegard Knef)

März 1947   Film-Echo, Fachblatt der Kinobranche bis heute, beginnt zu erscheinen

13. Juni 1947   *In jenen Tagen* von Helmut Käutner: erster westdeutscher Nachkriegsfilm

1949 Deutsches Institut für Filmkunde (DIF) gegründet

18. Juli 1949 Freiwillige Selbstkontrolle der Filmwirtschaft (FSK) beginnt in Wiesbaden ihre Arbeit

7. September 1950 *Schwarzwaldmädel* von Hans Deppe als erster Nachkriegsfarbfilm (14 Mio. Zuschauer)

8. Dezember 1950 *Das kalte Herz* von Paul Verhoeven als erster Farbfilm der DEFA

18. Januar 1951 *Die Sünderin* von Willi Forst (mit Hildegard Knef) führt zu heftigen Auseinandersetzungen

31. März 1951 erste Filmförderungsmaßnahmen des Bundes durch Ausfallbürgschaften

Mai 1951 erstes Filmkunst-Repertoire-Theater: Occam-Kino in München

6. Juni 1951 erstmals (in Berlin) Deutscher Filmpreis (für *Das doppelte Lottchen* von Josef von Baky)

6. Juni 1951 erstmals Internationale Filmfestspiele Berlin (IFB)

20. August 1951 Filmbewertungsstelle der Länder (FBW) in Wiesbaden beginnt „Prädikatisierungs"-Arbeit

Juli 1952 *Welt im Bild* erste Wochenschau ohne alliierte Kontrolle (vorher: *Welt im Film*)

Weihnachten 1952 erste öffentliche Fernsehsendungen (täglich 20 – 22 Uhr) aus Hamburg und Ost-Berlin

1953 Gilde Deutscher Filmkunsttheater gegründet

9. März 1954 *Ernst Thälmann* von Kurt Maetzig, ein Teil des Personenkults der DDR (mit Günther Simon)

27. Oktober 1954 erstmals beginnen die Westdeutschen Kurzfilmtage Oberhausen

1. November 1954 Deutsche Hochschule für Filmkunst in Potsdam-Babelsberg eröffnet

11. September 1955 erstmals beginnt die Kultur- und Dokumentarfilmwoche Leipzig

1. Oktober 1955 Staatliches Filmarchiv der DDR gegründet

1. November 1955 Leo Kirch beginnt den Filmhandel (mit seiner Nürnberger Sirius GmbH)

1956 817,5 Mio. Filmbesuche: westdeutscher Nachkriegsrekord; über 6400 Kinos, rund 500 neue Filme

1. Oktober 1956 Beginn der allabendlichen Tagesschau

1957 Werbefilme im Kino durchgesetzt: 522 gegenüber 61 im Jahr 1950

25. August 1958 *Das Mädchen Rosemarie* gegen Protest der Bundesregierung in Venedig uraufgeführt

1959 im einzigen Fernsehprogramm (ARD) wird pro Woche ein Spielfilm gezeigt

1959 Zahl der Filmtheater erreicht mit 7085 ihren Höhepunkt; 4600 haben inzwischen Breitwand

1961 ARD hat 121 abendfüllende Filme in ihrem Programm

März 1961 die Zahl der angemeldeten Fernsehgeräte übersteigt die 5-Millionen-Grenze

28. Februar 1962 Oberhausener Manifest: „Der alte Film ist tot. Wir glauben an den neuen."

1. Oktober 1962 Hochschule für Gestaltung in Ulm beginnt Filmausbildung

1963 seit 1956 ist der Filmbesuch um 45 % zurückgegangen; rund 400 Filme kommen neu in die Kinos, deren Zahl fast 6000 beträgt

1. April 1963 Zweites Deutsches Fernsehen (ZDF) beginnt Sendebetrieb

31. Januar 1964 *Das Schweigen* von Ingmar Bergmann; führt zu heftigen, auch politischen Auseinandersetzungen

31. Dezember 1964 mehr als 10 Millionen Fernsehgeräte angemeldet, 339 Mio. Kinokarten verkauft

18. Dezember 1965 11. Plenum des ZK der SED verbietet zahlreiche neue DEFA-Produktionen

20. Mai 1966 *Der junge Törleß* von Volker Schlöndorff in Cannes, Anfang des „jungen deutschen Films"

1. Juli 1966 *Spur der Steine* von Frank Beyer; kurz darauf von der DDR-Regierung verboten (mit Manfred Krug, Eberhard Esche)

5. September 1966 *Abschied von gestern* von Alexander Kluge, „Ideologe" des neuen deutschen Films

17. September 1966 Deutsche Film- und Fernsehakademie Berlin (DFFB) eröffnet

28. Mai 1967 erstmals beginnen die Hofer Filmtage

25. August 1967 offizielle Eröffnung des Farbfernsehens bei der Funkausstellung in Berlin

6. November 1967 Hochschule für Film und Fernsehen (HFF) in München eröffnet

1. Januar 1968 Filmförderungsgesetz (FFG) tritt in Kraft; Filmförderungsanstalt (FFA) Berlin

1970 ARD (mit Dritten Programmen) und ZDF haben 637 abendfüllende Filme gesendet

18. April 1971 Filmverlag der Autoren gegründet

27. Juni 1971 erstmals beginnt das Internationale Forum des Jungen Films bei der Berlinale

3. Dezember 1971 Eröffnung des Kommunalen Kinos in Frankfurt/Main

22. Dezember 1971 Erwerb von 35 Ufa-Kinos macht Heinz Riech (17 Kinos) zum Branchengrößten

1972 Arbeitsgemeinschaft Kino als Zusammenschluß der Programmkinos gegründet

1972 Wochenschauen, früher in jedem Kino, laufen nur noch bei einem Fünftel

August 1974 Reihe Film des Verlags Hanser beginnt mit Rainer Werner Fassbinder und François Truffaut

1. Januar 1975 fast 19 Mio. angemeldete Fernsehgeräte, rund 6,4 Mio. Farbfernseher, 90 % vom Programm in Farbe

3. März 1978 *Deutschland im Herbst,* Episodenfilm von verschiedenen Regisseuren

3. Mai 1979 *Die Blechtrommel* von Volker Schlöndorff (nach dem Roman von Günter Grass); in Cannes als erster deutscher Film ausgezeichnet, ebenfalls mit dem Oscar als bester Auslandsfilm

18. Januar 1980 erstmals der Bayerische Filmpreis vergeben

Januar 1981 erster Experimentalfilm-Workshop in Osnabrück

30. Oktober 1982 *Das Gespenst* von Herbert Achternbusch; führt zu erheblichen Auseinandersetzungen

1983 Nutzung der neuen Videogeräte führt zu Debatten über Medienwirkungen (Gewalt)

1. Februar 1983 erstes deutsches Filmmuseum in Potsdam eröffnet

18. Juni 1983 erstes Münchner Filmfest beginnt

1984 ungefähr 15 % der bundesdeutschen Haushalte haben einen Videorecorder

6. April 1984 *Die unendliche Geschichte* (Produktionskosten: 60 Mio. DM) von Wolfgang Petersen

Juni 1984 Cinegraph, Loseblattkompendium zur deutschen Filmgeschichte, beginnt

7. Juni 1984 Deutsches Filmmuseum in Frankfurt/Main eröffnet

30. Juni 1984 *Heimat* von Edgar Reitz (mit Marita Breuer) läuft als erfolgreiche Fernsehserie

1. April 1985 neues Jugendschutzgesetz: erlaubt Kinobesuch auch Kleinkindern, schafft neues Recht für die Freigabe von Videoangeboten

8. August 1985 Wechseltag für Kinoprogramme wird nach über 70 Jahren der Donnerstag

25. Oktober 1985 *Männer* von Doris Dörrie (mit Heiner Lauterbach, Uwe Ochsenknecht), eine der erfolgreichen deutschen Komödien

14. Juli 1988 *Rambo III* löst Auseinandersetzungen aus, ob er gewalt- und kriegsverherrlichend ist

1o. November 1988 *Die letzte Versuchung Christi:* Debatten, ob es religiöses Empfinden verletzt

1990 öffentlich-rechtliche und private Fernsehsender haben 7131 abendfüllende Filme gesendet

1990 fast die Hälfte der (west)deutschen Haushalte sind mit Videogeräten ausgestattet

10. Oktober 1990 erstes Multiplex-Kinocenter (14 Kinos mit 3000 Plätzen) in Hürth bei Köln

25. August 1992 DEFA-Gelände Potsdam-Babelsberg von der Treuhandanstalt verkauft

1993 rund ein Viertel aller Spielfilme kommen mit mehr als 100 Kopien auf den Markt

1993 in den Kinos kommen aus den Eintrittskarten nur 78 % des Umsatzes, die Leihmiete der Filme verbraucht davon 43 %

1993 113,7 Mio. Filmbesuche in West- stehen 16,8 Mio. Besuche in Ostdeutschland gegenüber; die Filmbesuche galten 3735 Kinos in 1142 Orten der Bundesrepublik; die durchschnittlichen Eintrittspreise liegen in Großstädten über 10 DM; durchschnittlich hat jeder Kinosaal nur 200 Plätze

1993 von den Filmbesuchern sind 24 % 14–19 Jahre, 47 % 20–29, 16 % 30–39, 8 % 40–49, 5 % älter, doch sind von den 14–19jährigen nur 15 %, von den 20–29jährigen nur 12 % regelmäßiger im Kino

1. Januar 1993 25 Jahre FFA: 498 Filme, 626 Projekte, 1175 Kurzfilme neben den Filmtheatern gefördert

31. Dezember 1993 von 3709 „Leinwänden" in ganz Deutschland entfallen 105 auf Multiplexe, von 130,5 Mio. Filmbesuchen galten ihnen 9,8 Mio.

1994 *Der Bewegte Mann* mit 4 Mio. und *Asterix in Amerika* mit 1,6 Mio. Zuschauern sind die deutschen, *Der König der Löwen* mit 7,5 Mio. und *The Flintstones* mit 6,3 Mio. die erfolgreichsten amerikanischen Filme in Deutschland.

Meilensteine der Filmgeschichte (Schwerpunkt: Deutschland),
ausgewählt von Gerd Albrecht (1995)

Kleine Auswahl weiterführender Literatur

Buchers Enzyklopädie des Films; hg. v. Liz-Anne Bawden, dt. Ausgabe v. Wolfram Tichy. München-Luzern, 2. Auflage in 2 Bdn., 1983.

Die Chronik des Films; hg. v. Chronik Verlag in Zusammenarbeit mit dem Deutschen Institut für Filmkunde, Frankfurt/Main. Gütersloh/München 1994.

Film-Jahrbuch; hg. v. Lothar Just; Heyne Filmbibliothek, München.

FILM-Lexikon des internationalen Films; rororo Handbuch (10 Bde.), Reinbek 1987.

Fischer Film Almanach; hg. v. Horst Schäfer und Walter Schobert. Frankfurt am Main.

Geschichte des deutschen Films; hg. v. Wolfgang Jacobsen, Anton Kaes und Hans Helmut Prinzler. Stuttgart/Weimar 1993.

Reclams Filmführer; hg. v. Dieter Krusche. Stuttgart, 9. Auflage 1993.

Reihe Film; hg. v. Stiftung Deutsche Kinemathek mit Peter W. Jansen und Wolfram Schütte. 45 Bände (vor allem zu Regisseuren und Schauspielern). München 1974–1994.

Patrick Robertson: Das neue Guiness-Buch FILM; Verlag Ullstein, Frankfurt/Berlin 1993.

Star-Lexikon, 1000 Stars von A–Z; Rd.: Hans-Werner Asmus. Kino Verlag, Hamburg 1990.

Norbert Stresau: Der OSCAR, alle preisgekrönten Filme, Regisseure und Schauspieler seit 1929; Heyne Filmbibliothek, München 1994.

Jerzy Toeplitz: Geschichte des Films, Bd. 1–4: 1895–1945. Verlag Zweitausendeins, Frankfurt 1988. Bd. 5: 1945–1953. Henschel Verlag, Berlin 1991.

Verwendete Literatur

Gerd Albrecht: Die Entwicklung des Kinofilms in Deutschland. © Dr. Gerd Albrecht, 1995.

John Updike: Die Macht der Bilder. Aus dem Englischen übers. von Willi Winkler; aus: SPIEGEL special, Dezember 1994 – „100 Jahre Kino". © John Updike.

Hugo von Hofmannsthal: Der Ersatz für die Träume (1921); aus: ders., Gesammelte Werke. Reden und Aufsätze II. © Fischer Taschenbuch Verlag GmbH; Frankfurt am Main 1979.

Béla Balázs: Chaplin, der amerikanische Schildbürger; aus: B.B., Schriften zum Film ‚Der sichtbare Mensch', Gemeinschaftsausgabe des Henschel Verlages Berlin, des Carl Hanser Verlages München und des Akadémia Kiadó Budapest, 1982.

Béla Balázs: Asta Nielsen, der erste europäische Filmstar; ebd.

Joseph Goebbels: Rede im Kaiserhof (28.3.1933); aus: Curt Belling, Der Film in Staat und Partei, Berlin 1936. Rechte an Schriften von Dr. Goebbels, François Genoud, Schweiz.

Schaubild Dr. Joseph Goebbels; aus: G. Albrecht, Soziologie der geographischen Mobilität. © Ferdinand Enke Verlag, Stuttgart 1972.

Gesetze über Maßnahmen zur Förderung des deutschen Films; aus: Schriftlicher Bericht des Ausschusses für Wissenschaft, Kulturpolitik und Publizistik (8.Ausschuß). Bericht der Abgeordneten Dr. Huys und Dr. Meinecke. Drucksache V/1545.

Michael Althen: Warum das Kino trotz allem eine Zukunft hat; aus: SPIEGEL special, Dezember 1994 – „100 Jahre Kino". © Michael Althen.

Sabine Magerl: Überdosis Zelluloid; aus: SPIEGEL special, Dezember 1994 – „100 Jahre Kino". © Sabine Magerl.

Bildnachweis

Umschlag
Vorderseite: Kameramänner um 1909. Photo: Deutsches Institut für Filmkunde, Frankfurt a. M. Buchrücken: *Voyage dans la Lune (Reise zum Mond)*. Ausschnitte aus dem Film von G. Méliès, 1902. Paris, Cinémathèque Française. Photo mit freundlicher Genehmigung der Rechtsnachfolger Géorges Méliès'.
Rückseite: Ebd.

Bildvorspann
1–9 *The Great Train Robbery (Der große Eisenbahnraub)*. Film von Edward S. Porter, Edison, 1903. London, British Film Institutes; Perpignan, Institut Jean Vigo; Paris, Cinémathèque Universitaire. Photos: British Film Institute, London (1, 4, 5 o., 6, 7, 8, 9); Cinémathèque Universitaire, Paris (5 u.); Institut Jean Vigo, Perpignan (2/3).

Erstes Kapitel
12 Kinematograph nach A. Lumière. Plakat von H. Brispot, 1896. Photo: Cinémathèque Française, Paris.
13 *Bataille des Femmes (Krieg der Frauen)*. Film von A. Lumière. Photo: Ebd.
14 (oben) Kinematograph nach A. Lumière. Plakat von L. Auzolle, 1896. Photo: Ebd.
14 (unten) Kinematograph. Aquarell, 1896, J. Chéret zugeschrieben. Photo: Museo Nazionale del Cinema, Turin.
15 Le Grand Café. Photo: Cinémathèque Française, Paris.
16 *L'Arrivée d'un train á La Ciotat (Ankunft eines Zuges in La Ciotat)*. Film von L. Lumière, 1895. Photo: Ebd.
17 (oben) „Le Cinématographe Lumière". Programmplakat aus Lyon, 1898. Photo: Institut Lumière, Lyon.

17 (unten) *Leçon de bicyclette (Die Fahrradstunde).*
Film von L. Lumière, 1895. Photo: Cinémathèque
Française, Paris.
18 „The Empire Theatre". Sammlung Will Day.
Photo: Ebd.
19 (oben) Das Programm des Kinematographen
in englischer Sprache.
19 (unten) *La Partie d'écarté (Kartenspiel).* Film
von L. Lumière, 1895. Photo: Cinémathèque
Française, Paris.
20/21 *Parade de sport (Sportfest).* Film von
L. Lumière. Photo: Ebd.
21 (unten) Das Riesenrad von Chicago. Aus den
Städteporträts von L. Lumière. Photo: Ebd.
22 Porträt Felix Mesguichs. Zeichnung von
B. Naudin; aus: F. Mesguich „Tours de manivelle"
(Das Drehen der Kurbel). Grasset, 1933.
22/23 *Die Krönung des russischen Zaren.* Film von
C. Moisson und F. Doublier, Lumière, 1896. Photo:
Cinémathèque Française, Paris.
24 (unten) Russisches Plakat von 1899. Photo:
Institut Lumière, Lyon
24/25 *Rue du Chine (Straßen Chinas).* Film von
L. Lumière. Photo: Cinémathèque Française, Paris.
25 (unten) Italienisches Programmplakat. Photo:
Museo Nazionale del Cinema, Turin.

Zweites Kapitel
26 *La Danse du diable (Tanz mit dem Teufel).*
Pathé-Film, um 1904. Photo: British Film Institute,
London.
27 Antoine Lumière, um 1870 als Photograph
porträtiert. Photo: Institut Lumière, Lyon.
28/29 (oben) Photochronographische Studie von
A. Londe. Stich; aus: „La Nature", 11. November
1893. Photo: Gallimard, Paris.
28 (unten links) Ein Taubstummer blickt in das
Phonoskop. Stich; aus: „La Nature", 16. April 1892.
Photo: Ebd.
28 (unten rechts) Phonoskop. Stich; aus:
„La Nature", 16. April 1892. Photo: Ebd.
29 (unten) Der Projektionsschnellseher v. Ottomar
Anschütz. Stich; aus: „La Nature", 1889. Photo: Ebd.
30/31 Die Tafeln Nr. 263 und Nr. 739. Aus: Edward Muybridges, *Animal Locomotion (Bewegungsstudien von Tieren)*, 1887. Photo: Cinémathèque
Française, Paris.
31 (unten) Porträt Edward Muybridges. Stich;
aus: „The Illustrated London News", 25. Mai 1889.
Photo: Gallimard, Paris.
32 (oben) Absprung vom Sprungbrett und Flug-
bahn. Chronophotographie von Etienne-Jules
Marey. Photo: Cinémathèque Française, Paris.
32/33 (unten) Schema des menschlichen Ganges.
Chronophotographie von Etienne-Jules Marey.
Photo: Ebd.
33 (oben) „Photographische Flinte" von Etienne-
Jules Marey. Stich; aus: „La Nature", 22. April 1882.
Photo: Ebd.
33 (unten rechts) Photoporträt Etienne-Jules
Mareys. Photo: Ebd., Sammlung Will Day.

34 (oben) Photoporträt Thomas Alva Edisons.
Sammlung Will Day. Photo: Ebd.
34 (unten) Filmwiedergabegerät (Kinetoskop) von
Edison. Stich; aus: „Là Nature", 20. Oktober 1894.
Photo: Museum of Modern Art, New York.
35 (unten links) W. K. L. Dickson und Etienne-
Jules Marey auf der Weltausstellung im Jahr 1900.
Photo: Museum of Modern Art/Film Stills Archive,
New York.
35 (rechts) *Record of a Sneeze (Aufnahme eines
Niesens).* Film von T. A. Edison, 1894. Photo: Ebd.
36/37 „Black Mary". Sammlung Will Day. Photo:
Cinémathèque Française, Paris.
37 (oben) *Der chinesische Wäscher.* Film von W. K. L.
Dickson, Edison, 1894. Photo: Gallimard, Paris.
37 (unten) Casimir Sivan & Cie., Genf, Edison
Kinetoskop. Plakat. Photo: Cinémathèque Suisse,
Lausanne.
38 (oben) „Photograph und Kinetoskop Parlor"
von Peter Bacigalupi in San Francisco im Jahr 1894.
Photo: Museum of Modern Art/Film Stills Archive,
New York.
38/39 (unten) Max Skladanowsky und sein Bioskop.
Photo: Staatliches Filmarchiv, Ostberlin.
39 (oben) Ausschnitte aus einem Film von Max
Skladanowsky. Photo: Ebd.
40 Antoine Lumière springt über einen Stuhl.
Photo: Institut Lumière, Lyon.
41 (oben links) Kinematograph nach Lumière.
Stich eines geöffneten Apparates. Photo: Musée
national des techniques, C. N. A. M., Paris.
41 (oben rechts) Kinematograph nach Lumière.
Geöffneter Apparat. Photo: Ebd.
41 (unten) Photoplattenetiketten der Firma
A. Lumière und Söhne. Photo: Gallimard, Paris.
42 Plakat für die Weltausstellung 1900 in Paris.
Photo: Musée de la Publicité, Paris.
43 Der Riesen-Kinematograph auf der Weltausstellung von 1900 in Paris. Photo: Cinémathèque
Française, Paris.
44 (links) *Métamorphoses du papillon(Die Metamor-
phose eines Schmetterlings).* Film von G. Velle, Pathé,
1904. Photo: British Film Institute, London.
44/45 *La Biche au bois (Die Hirschkuh im Wald).*
Film von G. Démeny, Gaumont, 1896. Photo:
Cinémathèque Française, Paris.
45 (unten) Mehrfarbige Projektion mit Hilfe dreier
Projektionslampen. Stich; aus: „La Nature", 1892.
Photo: Gallimard, Paris.
46 (oben) Der Biophonograph. Plakat. Photo:
Cinémathèque Française, Paris.
46 (unten) Das Studio von A. Baron in Asnières.
Zeichnung des Querschnittes. Photo: Ebd.
47 (oben) Das Telephonoskop von T. A. Edison.
Stich; aus: „Punch", 9. Dezember 1878.
47 (unten) Der Edisonsche Phonograph. Anonymer
Stich. Photo: Gallimard, Paris.
48 (oben) Photoporträt Oskar Messter. Photo:
Staatliches Filmarchiv, Ostberlin.
48 (unten) Kinematographischer Apparat, gebaut
von O. Messter. Photo: Ebd.

49 Phono-Cinéma-Théâtre. Plakat von F. Flameng. Photo: Cinémathèque Française, Paris.
50 (oben) Zwei Photomontagen von Eugène Lauste. Photo: Cinémathèque Française/Sammlung Will Day, Paris.
50 (unten) Die Projektionsleinwand. Stich; aus: „Trucs et décors" von G. Moynet.
51 Die Fassade eines Jahrmarktkinos. Photo: Paris, Musée national des arts et traditions populaires, Fonds G. Soury, Paris.

Drittes Kapitel
52 *Le Chaudron Infernal (Höllenkessel)*. Film von G. Méliès, 1903. Photo: Sammlung Malthète-Méliès, Paris.
53 Scheibe eines Phenakistiskops. Paris, Musée national des techniques, C.N.A.M. Photo: Cinémathèque Française, Paris.
54 (oben) *L'ombromanie (Schattenspiele)* von Félicien Trewey. Stich; aus: „Mahatma", Oktober 1895. Photo: Gallimard, Paris.
54 (unten links) Werbeplakat Leopoldo Fregolis. Photo: Ebd.
54 (unten rechts) Werbeplakat des Theaters Robert-Houdin, das eine Vorführung mit Röntgenstrahlen annonciert. Photo: Musée de la Publicité, Paris.
55 „L'egyptian Hall". Photo: State Historical Society of Wisconsin, Madison.
56 „Laterna magica". Anonymes Gemälde (Öl auf Leinwand) aus der zweiten Hälfte des 18. Jhs. Photo: Museo Nazionale del Cinema, Turin.
57 (oben) „Laterna magica". Kolorierter Stich; aus: „The Magic Lantern", 1822. Photo: Cinémathèque Française/Sammlung Will Day, Paris.
57 (unten) Die Erschaffung der Welt. Bemalte Platte für die Laterna magica, aus dem 18. Jh. Photo: Ebd.
58 Affen betrachten ein Guckkastentheater. Kolorierter englischer Stich aus der ersten Hälfte des 18. Jhs. Photo: Museo Nazionale del Cinema, Turin.
59 (oben) Der Betrunkene und der Laternenpfahl. Chromolithographische Platte für Laterna Magica aus dem 19. Jh. Photo: Cinémathèque Française, Paris.
59 (unten) Kleopatra. Kulisse für das Schattentheater *Le Chat Noir (Die schwarze Katze)*, 1896. Lithographie von A. Vignola; in: *„Le Sphinx"* von G. Fragerolle. Photo: Gallimard, Paris.
60 (oben) Georges Méliès in seinem Laden am Bahnhof Montparnasse in Paris. Photo (um 1929): Museum of Modern Art/Film Stills Archive, New York.
60 (unten) Photoporträt Georges Méliès'. Photo: Cinémathèque Française,Paris; mit freundlicher Genehmigung der Rechtsnachfolger Georges Méliès'.
61 *Les Illusions Fantaisistes (Die phantastischen Verwandlungen)*. Film von G. Méliès, 1909. Photo: Sammlung Malthète-Méliès, Paris.
62/63 (oben) *Le voyage dans la lune (Reise zum Mond)*. Film von G. Méliès, 1902. Photo: Cinéma-

thèque Française, Paris; mit freundlicher Genehmigung der Rechtsnachfolger Georges Méliès'.
62 (unten) *L'Homme à la tête de caoutchouc (Der Mann mit dem Gummikopf)*. Film von G. Méliès, 1902. Photo: British Film Institute, London; mit freundlicher Genehmigung der Rechtsnachfolger Georges Méliès'.
63 (unten) *Les affiches en goguette (Beschwipste Plakate)*. Film von G. Méliès, 1906. Photo: Sammlung Malthète-Méliès, Paris.
64/65 *Le Raid Paris-Monte Carlo en deux heures (Paris-Monte Carlo in zwei Stunden)*. Film von G. Méliès, 1905. Photo: Ebd.
66/67 *Le Royaume des fées (Das Reich der Feen)*. Film von G. Méliès, 1903. Photo: Ebd.
68 (oben) *L'Homme de tête (Der Kopfmensch)*. Film von G. Méliès, 1898. Photo: Ebd.
68 (unten) *Le voyage dans la lune (Reise zum Mond)*. Tafel Nr. 9: „Mitten ins Auge". Film von G. Méliès, 1902. Paris, Cinémathèque Française. Photo: Ebd.
69 *Le voyage dans la lune (Reise zum Mond)*. Film von G. Méliès, 1902. Photo: Ebd.
70 (oben) *Autour d'une cabine (An einer Badekabine)*. Bild einer Lichtpantomime, gemalt von Emile Reynaud, 1894. Photo: Cinémathèque Française, Paris.
70 (unten) Lichtpantomimen. Plakat von J. Chéret, 1892. Photo: Ebd.
71 (links) Das optische Theater. Stich; aus: „La Nature", 23. Juli 1892. Photo: Gallimard, Paris.
71 (rechts) Das Praxinoskop. Stich; aus: „La Nature", 1. Februar 1879. Photo: Ebd.
72/73 (unten) *El Hotel Electrico (Das elektrische Hotel)*. Film von Segundo de Chomon, um 1905. Photo: Cineteca Espagnola, Madrid.
73 (oben) *Humorous phases of funny faces (Witzige Momente merkwürdiger Mienen)*. Film von James Stuart Blackton, Vitagraph, 1906. Photo: Cinémathèque Universitaire, Paris.
74 *Le Déjeuner du savant (Das Frühstück des Gelehrten)*. Pathé-Film, 1905. Photo: British Film Institute, London.
75 (oben) Établissement Kobelkoff. Programmplakat. Photo: Musée national des arts et traditions populaires, Fonds G. Soury, Paris.
75 (unten) *Opération chirurgicale*. Pathé-Film, 1905. Photo: British Film Institute, London.

Viertes Kapitel
76 „A la conquête du monde". Plakat von A. Barrère, um 1908. Photo: Services des Archives du Film, Bois-d'Arcy.
77 Ferdinand Zecca in einem seiner Filme. Photo: Cinémathèque Française, Paris.
78/79 *La Conquête de l'Air (Die Eroberung der Luft)*. Film von Ferdinand Zecca, Pathé, 1901. Photo: Ebd.
79 (oben) *L'Etang enchanté (Der verzauberte Sumpf)*. Film von Segundo de Chomon, Pathé, 1908. Photo: Ebd.
80 (oben) Die Produktionsstätte Elgé. Stich; aus einer Werbebroschüre von Gaumont. Photo: Gallimard, Paris.

80/81 (unten) *La Fée aux choux (Die Kohlfee)*. Film von Alice Guy, Gaumont, 1896. Photo: Cinémathèque Française, Paris.
81 (oben) *La Vie du Christ (Das Leben Christi)*. Film von Alice Guy, Gaumont, 1906. Photo: Ebd.
82 (oben) Die Prestwich-Kamera. 1898. Photo: Sammlung Gianati/Pierre Pitron, Paris.
82 (unten) Darras-Apparat. 1896. Photo: Ebd.
83 (oben) Chronophotograph von Gaumont. 1897. Photo: Ebd.
83 (unten) Projektor von Grimoin-Sanson. 1902. Photo: Ebd.
84 (links) Projektor von Bunzli und Continsouza. 1896. Photo: Ebd.
84 (rechts) Phosphoroskop von Deyrolle. Um 1890. Photo: Ebd.
85 (oben) Der Kameraprojektor „Biokam" von Darling und Wrench. 1898. Photo: Ebd.
85 (unten) Parnaland-Kamera. 1899. Photo: Ebd.
86 (oben) Taschenchronophotograph von Gaumont. 1902. Photo: Ebd.
86 (unten) Projektor von Pathé. Photo: Ebd.
87 (oben) Kinokamera I von Ernemann. 1902. Photo: Ebd.
87 (unten) Universal Projecting Kinetoscope Edison. 1903. Photo: Ebd.
88 Das Studio von G. Méliès in Montreuil-sous-Bois. Photo: Cinémathèque Française, Paris; mit freundlicher Genehmigung der Rechtsnachfolger Georges Méliès'.
89 Das Kulissen- und Dekorationsmagazin des Studios von G. Méliès. Photo: Ebd.
90 *Coney Island at Night (Coney Island bei Nacht)*. Film von Edwin S. Porter, Edison, 1905. Photo: American Federation of Arts, New York.
91 (oben) Photoporträt Edward S. Porters. Photo: Museum of Modern Art/Film Stills Archive, New York.
91 (unten) *What Happened on Twenty-Third Street, New York City (Was geschah auf der 23. Straße in New York City)*. Film von Edward S. Porter, Edison, 1901. Photo: American Federation of Arts, New York.
92 American Mutoscope & Biograph Co. filmt den Kampf zwischen den Boxern Jeffries und Sharkey im Coney Island Club House in New York. November 1899. Photo: Museum of Modern Art/Film Stills Archive, New York.
93 (oben) Mutoskop. Stich; aus: *Magic* von Hopkins, 1898. Photo: Gallimard, Paris.
93 (unten) *Pull down the Curtains, Suzie. (Zieh die Vorhänge zu, Suzie)*. Film der American Mutoscope & Biograph Co., 1904. Photo: Gallimard, Paris.
94/95 *The Motorist (Der Motorist)*. Film von Walter R. Booth, Paul, 1906. Photo: British Film Institute, London.
95 (oben) Photoporträt Charles Urbans. Photo: Ebd.
95 (unten) *Upside down or The human flies (Das Oberste unten oder: Menschliche Fliegen)*. Film von Walter R. Booth, Paul, 1898. Photo: Ebd.
96/97 Vier Phasen der Filmstreifenbehandlung in der Williamson Film Printing Co. in Brighton. Photo: Ebd.

Fünftes Kapitel
98 Photoporträt Joseph Rosenthals. Photo: British Film Institute, London.
99 *Éruption volcanique à la Martinique (Vulkanausbruch auf Martinique)*. Film von G. Méliès, 1902. Photo: Sammlung Malthète-Méliès, Paris.
100/101 *L'Affaire Dreyfus (Die Dreyfus-Affäre)*. Film von Ferdinand Zecca, Pathé, 1899. Photo: Cinémathèque Française, Paris.
101 (oben) *Le Sacre d'Eduard VII (Die Krönung Edwards VII. von England)*. Film von G. Méliès, 1902. Photo: British Film Institute, London.
101 (unten) *L'Affaire Dreyfus*. Film von G. Méliès, 1899. Photo: Sammlung Malthète-Méliès, Paris.
102 (oben) Ausschnitt aus einem Film von Joseph Rosenthal über den Krieg in Transvaal. Photo: British Film Institute, London.
102 (unten) J. Rosenthal in Transvaal. Photo: Ebd.
103 (oben) *Coolies dans les rues de Saïgon (Kulis in den Straßen Saigons)*. Lumière-Film. Photo: Cinémathèque Française, Paris.
103 (unten) Programmplakat des „Stereograph-Salons". Photo: Gallimard, Paris.
104 *Un Drame dans les Airs (Drama in den Wolken)*. Pathé-Film, 1904. Photo: British Film Institute, London.
105 Der Cinérama-Ballon in den Tuilerien in Paris. Aufnahme aus dem Jahr 1900. Photo: Musée national des techniques, C. N. A. M., Paris.
106 Die Edison-Truppe bei den Dreharbeiten zu dem Film *Black Diamond Express* in Wysox, Pennsylvanien, 1. Dezember 1896. Photo: Museum of Modern Art/Film Stills Archive, New York.
107 Billy Bitzer mit einer „Biograph"-Kamera vor einer Lokomotive. Aufnahme um 1898. Photo: Ebd.
108 Filmaufnahme eines in den Bahnhof einfahrenden Zuges. Aufnahmen 1900. Photo: British Film Institute, London.
109 (oben) Das im November 1905 in Pittsburgh eröffnete Nickelodeon von H. Davis und J. Harris. Photo: Gallimard, Paris.
109 (unten) Das Innere eines Waggonkinos von George C. Hale. Photographie. Photo: Ebd.

Sechstes Kapitel
110/111 *The May Irwin-John C. Rice Kiss (Der Kuß von May Irwin und John C. Rice)*. Edison-Film, 1896. Photo: Cinémathèque Française, Paris.
112/113 *The Dream of a Rarebit Friend (Der Traum eines Feinschmeckers)*. Film von Edwin S. Porter, Edison, 1906. Photo: British Film Institute, London.
114/115 (oben) *The Big Swallow (Der große Schluck)*. Film von James A. Williamson, 1901. Photo: Ebd.
115 (unten) *Concours de grimaces (Grimassenwettbewerb)*. Film von Ferdinand Zecca, Pathé. Photo: Cinémathèque Française, Paris.
116 *La Peine du talion (Die Vergeltung)*. Pathé-Film, 1906. Photo: British Film Institute, London.
117 *L'ingénieuse soubrette (Die erfinderische Kammerzofe)*. Film von Ferdinand Zecca, Pathé, 1902. Photo: Ebd.

118/119 *The Motor Pirate (Der Motor-Pirat)*. Film von Arthur Melbourne-Cooper, Alpha, 1906. Photo: Ebd.
120 *What the curate really did (Was der Pfarrer wirklich tat)*. Film von L. Fizhamon, Hepworth, 1905. Photo: Ebd.
121 (oben) *L'Affaire Dreyfus (Die Dreyfus-Affäre)*. Film von Ferdinand Zecca, Pathé, 1899. Photo: Cinémathèque Française, Paris.
121 (unten) *Histoire d'un crime (Geschichte eines Verbrechens)*. Film von Ferdinand Zecca, Pathé, 1901. Photo: Ebd.
122/123 „Les Trucs du Cinéma". Sammelkarten, herausgegeben von Liebig's Fleischextrakt. Photo: Gallimard, Paris.
124/125 (oben) *The gay shoe Clerk (Der muntere Schuhverkäufer)*. Edison-Film, 1903. Photo: British Film Institute, London.
125 (unten) *The wonderful hair restorer (Der wunderbare Friseur)*. Pathé-Film, 1902. Photo: Ebd.
126 *Their first snowballs (Die ersten Schneebälle)*. Urban-Film, 1907. Photo: Ebd.
127 (oben) *The little train robbery (Der kleine Eisenbahnraub)*. Film von Edwin S. Porter, Edison, 1905. Photo: Ebd.
127 (unten) Hollywood im Jahre 1905. Photographie. Photo: Gallimard, Paris.

Zeugnisse und Dokumente
129 Das Kölner Cinedom, Außenansicht. Photo: © Cinedom, Constantin Kinobetriebe GmbH, Köln.
130 Anzeige der Messter-Filmgesellschaft in „Der Kinematograph", Nr. 623, Ausgabe vom 11.12.1918. Deutsches Institut für Filmkunde. Frankfurt am Main.
133 Kino-Anzeige im Film-Kurier vom 21.12.1929. Photo: Deutsches Institut für Filmkunde, Frankfurt am Main.
135 Premiere des Films „Vom Winde verweht" im Capitol-Filmtheater. Photo: © Archiv für Kunst und Geschichte, Berlin.
137 Buster Keaton. Photo um 1933. © Archiv für Kunst und Geschichte, Berlin.
139 Das Luisen Kino, eines der ersten Kinos in Berlin. Photo (um 1910): Otto Haeckel. © Archiv für Kunst und Geschichte, Berlin.
141 Dreharbeiten zu einem Stummfilm in Kalifornien (USA). Photo um 1918. © Archiv für Kunst und Geschichte, Berlin.
142 Weltpremiere des Films „Vom Winde verweht" in Atlanta. Photo: © Archiv für Kunst und Geschichte, Berlin.
144 Amerikanisches Werbeplakat des Films „The Kid" mit Charlie Chaplin in der Hauptrolle. Photo: © Archiv für Kunst und Geschichte, Berlin.
145 Szene mit Charlie Chaplin aus: „Chaplin schlägt alles" (The Champion) aus dem Jahr 1915. © Archiv für Kunst und Geschichte, Berlin.
147 Asta Nielsen. Photo (um 1920): Binder. © Archiv für Kunst und Geschichte, Berlin.

149 Propagandaminister Joseph Goebbels während einer Kundgebung der NSDAP im Berliner Lustgarten. Photo: © Archiv für Kunst und Geschichte, Berlin.
157 Innenarchitektur des Kölner Cinedoms. Photo: © Cinedom, Constantin Kinobetriebe GmbH, Köln.
159 Cinemaxx Hannover. © Photo: Cinemaxx.
161 3-D-Helm. © Deutsche Presse-Agentur, Frankfurt.
163 Film-Kopierwerk Afifa in Berlin-Tempelhof: Teil einer vierfachen Entwicklungsmaschine. Photo um 1930. © Archiv für Kunst und Geschichte, Berlin.

Register

Inhalt

ABENTEUER GESCHICHTE

In dieser Reihe sind bisher erschienen:

Als am 28. Dezember 1895 ein neugieriges
Publikum ins Pariser Grand Café strömt, um
die erste öffentliche Filmvorführung zu
erleben, ahnt noch niemand, daß dies der
Beginn einer gigantischen Medienindustrie ist,
die den Alltag des Menschen so entscheidend
prägen wird, wie kaum eine andere. Von der
Geburtsstunde des Kinos, den Pionieren der
ersten Jahre bis hin zur Etablierung
Hollywoods als Traumfabrik wird die Zeit
lebendig, in der die Bilder laufen lernten.

ABENTEUER GESCHICHTE

Die Geschichte der Welt,
spannend wie eine Reportage,
historisch dokumentiert in Wort und Bild.

ISBN 3-473-51051-3

9 783473 510511